DIRK HESSEL
Erkenntnis

AF237015

Dirk Hessel

Erkenntnis

Ein
spiritueller
Wegweiser zu
deinem wahren
Selbst

Erkenntnis

- Ein spiritueller Wegweiser zu deinem wahren Selbst -

© 2014 Dirk Hessel

Neuauflage 2024

Dirk Hessel

c/o Adressgeber #1459

An der Alten Ziegelei 38

48157 Münster

Bibliografische Information

der Deutschen Nationalbibliothek

Die Deutsche Nationalbibliothek verzeichnet diese Publikation in
der Deutschen Nationalbibliografie; detaillierte bibliografische
Daten sind im Internet über http://dnb.dnb.de abrufbar.

Verlag: BoD · Books on Demand GmbH, In de Tarpen 42,

22848 Norderstedt, bod@bod.de

Druck: Libri Plureos GmbH, Friedensallee 273, 22763 Hamburg

ISBN Printausgabe: 978-3-7519-5959-9

INHALTSVERZEICHNIS

VORBEMERKUNG

Die klare Einsicht, dass wir nur dann Ganzheit erfahren können, wenn Sein und Menschsein wieder vollständig zu einer Einheit verschmelzen, enthält eine besondere Kraft zur geistigen Transformation.

Wir sind als Mensch hier. Wenn wir aber nur im unpersönlichen Sein herumschweben wollen, anstatt unsere Aufgaben zu erledigen, kann eine innere Spaltung entstehen, die die Bewältigung des Alltags erheblich erschwert. Es hilft also nicht nur, unsere wahre Seinsnatur zu entdecken, sondern es ist mindestens genauso bedeutsam, sie vollständig in unser menschliches Dasein zu integrieren. Deshalb wird in den folgenden Kapiteln die Aufmerksamkeit verstärkt auf einen nutzbaren Weg zum reinen Sein und zurück in ein zufriedenes Leben gelegt.

Es ist wie bei der Heldenreise in der Literatur. Der Held fühlt sich berufen, macht sich auf den Weg, überwindet etliche Hindernisse, hebt den Schatz und kehrt schließlich mit einem inneren Gewinn nach Hause zurück. Alles ist wie vorher und doch ist alles anders.

Das tiefe Wissen, eins mit dem Leben zu sein, ermöglicht uns, eine gesunde Distanz zu unseren persönlichen Problemen zu schaffen und sie nicht so ernst zu nehmen. So sind wir voll handlungsfähig, mit den Füßen fest auf dem Teppich des Daseins, tief verwurzelt in der Gegenwart und gleichzeitig verbunden mit dem Gefühl, von Unvergänglichkeit durchdrungen zu sein. Dieser Einklang – Menschsein und zeitloses Leben zugleich, ermöglicht uns ein erfülltes Dasein im Hier und Jetzt, mit der Fähigkeit zur Selbstverbesserung und Heilung und mit wenig Sorgen, was unsere Existenz betrifft.

Das widerspruchsfreie Erkennen, Fühlen und Annehmen unserer unsterblichen Natur als vergänglicher Mensch – das ist Erleuchtung.

EINLEITUNG

Wenn man das Wort Erkenntnis hört, könnte man meinen, es sei ein nebulöser Begriff aus der Philosophie, der mit unserem normalen Leben nichts zu tun hat. Mit dem bekannten Zitat aus der Antike »Erkenne dich selbst« ist aber nicht gemeint, noch mehr über sich selbst nachzudenken, sondern das Denken zu durchschauen und darüber hinauszugehen. Dann entdecken wir unser unvergängliches, stilles Wesen, das vollkommen anders ist als unsere vergänglichen Gedanken und Gefühle. Somit ist Selbsterkenntnis äußerst praktisch und hilfreich für ein erfülltes Leben, weil sie der einzige Garant für inneren Einklang und Frieden ist, egal, was um uns herum geschieht.

Doch leider glauben wir das nicht oder wir glauben zumindest nicht daran, dieses Geschenk ohne eine Gegenleistung erhalten zu dürfen. Aus alter Gewohnheit behalten wir lieber unsere vertrauten Probleme und gelegentliche Freude bei, anstatt unbekanntes Neuland anzusteuern.

Doch manchmal, vielleicht in einem seltenen Moment der Ruhe, spüren wir, dass etwas Wesentliches fehlt. Wir fragen uns, ob es nicht schön wäre, sich neu zu erfinden oder verborgene Aspekte wiederzuentdecken. Aber dann lenkt uns etwas wieder davon ab und treibt uns weiter. Dauernd haben wir das Gefühl, erst noch wichtige Dinge, meist für Andere, erledigen zu müssen, bevor wir unsere eigene Zuwendung verdient haben.

In unserem Leben fühlen wir häufig uns von äußeren Situationen abhängig. Entweder hoffen wir, sie könnten uns Erfüllung bringen, oder wir glauben, dass sie uns an unserem Glück hindern. Beides stimmt nicht, aber unsere Gedanken und Emotionen reden uns das permanent ein. Anstatt auf innere Entdeckungsreise nach der Wahrheit zu gehen und mit der Ganzwerdung zu beginnen, erleben wir im Außen immer mehr Konflikte. Glücklicherweise kann sich das jetzt ändern.

Vielleicht ist der Anfang zunächst etwas ungewohnt, weil wir seit der Kindheit glauben, ein vom Leben abgegrenztes Ich zu sein, das hier auf anstrengende Weise zurechtkommen muss, um dann irgendwann zu sterben. Dieser grundlegende Irrtum ist ohne Unterstützung nur schwer zu beseitigen, denn er entspringt unserer falschen Selbstwahrnehmung. Wir haben eine verzerrte Wahrheit akzeptiert und jetzt schauen wir durch sie auf die Welt, auf der Suche nach Erfüllung. Wir glauben zu sehen und zu wissen, aber ohne Selbsterkenntnis sind wir blind.

Dieses Buch wird nützlich sein, um den Blick nach innen zu richten, die Sicht gründlich zu klären und den Schleier des Irrtums zu lüften. Du erwachst aus deinem Traum.

GEDANKEN

Vor einiger Zeit ging ich bei strahlendem Sonnenschein in den Park und begegnete einer Frau. Sie blieb stehen, sah mich kurz an und klagte: »Ist das warm heute.« Ich antwortete: »Ja, ich finde, es ist ein sehr schöner Tag.« Die Frau erwiderte nachdenklich: »Vielleicht. Aber schon bald soll es wieder kalt werden.« Ihr Gesichtsausdruck verfinsterte sich und sie ging weiter.

Vielleicht hatte die Frau die Wettervorhersage gehört und die Aussicht auf Verschlechterung des Wetters hatte Gedanken in ihr hervorgerufen, die für ihre schlechte Laune verantwortlich waren. So hatte sie gleich mehrere Wolken im Kopf: das Bild der dunklen Wolken, die vielleicht am Himmel heraufziehen würden und die noch dunkleren Wolken ihrer eigenen Gedanken. Und das bei schönstem Sonnenschein.

Auch wenn es kaum zu glauben ist, lebt ein großer Teil der Menschheit wie diese Frau. Entweder mit Sorgen in die Zukunft gerichtet oder mit Groll in der Vergangenheit verhaftet. Oder beides gleichzeitig. Ständig störende und unwahre Denkmuster verhindern es bei fast allen Menschen auf dieser Erde, die volle Aufmerksamkeit auf das einzig Bedeutsame im Leben legen zu können – den gegenwärtigen Moment.

Ist das Bewusstsein durch einen geistigen Schleier verdeckt, können die Schönheit des Lebens und die damit verbundene Freude nicht mehr gefühlt werden. Wir fühlen uns vom Leben getrennt und glauben, alles kontrollieren zu müssen, um sicher zu sein. Doch wie kommt es dazu?

In unserer Innenwelt befinden sich unsere Gedanken und Emotionen, und sie haben eine Eigenschaft, die wir normalerweise nicht wahrnehmen: Sie sind »magnetisch«. In Bezug auf die Sinne Hören, Sehen, Fühlen, Riechen und Tasten könnte das Denken ausgewogen als gleich großer Anteil stattfinden, jedoch enthalten Gedanken häufig die Wörter »ich«, »mir«, »mich«, »meine« und »meines«. Dadurch erhalten sie den Anschein eines persönlichen Bezugs und sind noch anziehender als andere Gedanken.

Zusammen mit den Emotionen wirken sie wie ein starker Magnet, ziehen einen großen Teil unserer Aufmerksamkeit auf sich und nehmen sie in Beschlag. Und weil wir wie hypnotisiert auf unser inneres Geschehen hören und ihm bedingungslos glauben, sitzen wir in der Falle eines unbewussten Daseins. Eine erhebliche Einschränkung unserer Sinneswahrnehmungen ist die Folge, und es können

Krankheiten entstehen, weil das übermäßige und meist negativ geprägte Denken und die dazugehörenden negativen Emotionen eine große Belastung für Körper und Geist darstellen.

Sind wir hauptsächlich auf unsere falschen Gedanken fokussiert, leben wir wie mit Scheuklappen versehen und abgeschottet von der Fülle des Daseins in einem bedrückenden, ichbezogenen Kosmos. Beobachte einmal deine Umwelt. Viele Leute haben einen abwesenden Blick und eine grimmige Miene, wirken gehetzt oder starren dauernd auf ihr Smartphone. Und manche führen sogar laute Selbstgespräche.

In diesem Zustand lebt man an der Fülle des Daseins vorbei. Ein unaufhörlicher Gedankenstrom hat die Kontrolle übernommen und erzeugt eine überhöhte Lebensgeschwindigkeit mit wenig Achtsamkeit für die Gegenwart.

Vielleicht kommt dir das bekannt vor und du fragst: »Was kann ich tun? Wie kann ich zu mehr Ruhe und Gegenwärtigkeit gelangen und mich von meinem belastenden, inneren Dauermonolog befreien?«

Die Antwort liegt in dir, deinem wahren Selbst.

Für ein ruhiges und klares Bewusstsein genügen bereits das Erkennen und Akzeptieren des eigenen Innenlebens. Sobald du deine Gedanken und Emotionen erkennst und wertfrei annimmst – das bedeutet, sie nicht zusätzlich zu kommentieren oder zu bewerten – ändern sie sich oder lösen sich auf. Jetzt hast du inneren Abstand gewonnen und bist nicht mehr belastet von der übermächtigen, hypnotisierenden Gedankenflut, sondern erkennst sie als etwas, das grund- und bedeutungslos in dir auftaucht.

Wenn sich die Identifikation mit der belastenden Innenwelt auflöst, entstehen Freude und eine gesunde Ausgeglichenheit. Zeiten des Denkens wechseln sich ab mit Zeiten der Stille. Ist es still in dir, fühlst du dich stärker mit deiner wahren Quelle verbunden. Du wirst achtsamer, fühlst dich eins mit dem Leben und bist nicht mehr von deinem Verstand beherrscht.

Der Apfel

In den folgenden Abschnitten wirst du entdecken, wie das übermäßige Denken und die damit verbundenen Emotionen unser Leben beeinflussen, und wie du dich von diesem ungesunden Geschehen befreien kannst.

Vieles von dem, was in uns abläuft, bekommen wir nicht mit, weil es unter der Oberfläche unseres Bewusstseins stattfindet. Deshalb glauben wir, an vielen Lebenssituationen nichts ändern zu können.

Die meisten unserer inneren Bilder, Gedanken und Gefühle bilden unsere scheinbare Person, sodass wir ihre Wirklichkeit normalerweise nicht hinterfragen. Doch sobald wir uns von diesem vertrauten Ablauf lösen können, wird schlagartig klar, dass unser Leben seit vielen Jahren durch Hirngespinste beeinflusst wird, die mit unserem heilen Wesen nichts zu tun haben.

Mit dem nun folgenden ersten Gedankenspiel begibst du dich auf den Weg zur Entdeckung deiner vollständigen Natur. Ich werde dir einen Satz nennen und dich bitten, ihn mit geschlossenen Augen dreimal zu denken. Dabei ist es egal, ob beim Denken des Satzes Buchstaben auftauchen, Bilder, Gefühle oder alles zusammen. Nachdem du den Satz gedacht hast, öffne bitte die Augen und lies weiter.

Schließe jetzt deine Augen und denke den Satz: »Der Apfel hängt am Baum« dreimal.

Hast du »Der Apfel hängt am Baum« dreimal gedacht?

Woher weißt du, dass du den Satz dreimal gedacht hast? Forsche in dir nach einer Antwort und lies dann weiter.

Vielleicht antwortest du, dass du mitgezählt, den Satz innerlich gehört oder innere Bilder von einem Apfel am Baum gesehen hast. Das mag alles stimmen, dennoch ist dir wahrscheinlich die wichtigste Erkenntnis aus dieser Übung noch nicht gekommen.

Deshalb folgen nun zwei weitere Fragen: Wird das Auftauchen des Satzes in dir, egal in welcher Form, wahrgenommen? Gibt es so etwas wie einen »inneren, stillen Zeugen« in dir, der das Denken des »Apfelsatzes« beobachten kann? Falls du diese Fragen bejahen und den Vorgang des stillen Wahrnehmens bemerken kannst, hast du schon einen wesentlichen Schritt getan. Falls nicht, lies einfach weiter oder wiederhole diese Übung, wenn du magst.

Das Erkennen des immer stillen »Wahrnehmenden«, der die auftauchenden Gedanken und Bilder beobachten kann, bedeutet somit, dass du nicht deine Gedanken bist. Du bist hauptsächlich dasjenige, das diese auftauchenden Inhalte registriert. Das Wahrnehmende ist nicht nur der wahrgenommene Inhalt, sondern viel mehr. Daher ist es gleichgültig, was die Gedanken und Bilder aussagen oder wie wichtig sie erscheinen. Wenn es in dir denkt: »Ich muss noch einkaufen gehen«, dann hat diese Aussage ebenso wenig mit deinem wahren Selbst zu tun wie der Gedanke mit dem Apfel. Bedenke, dass alle wahrgenommenen Inhalte wieder vergehen. Deshalb können sie nicht die letztendliche Wirklichkeit sein.

Doch seit der Kindheit wurde unser Denk- und Gefühlssystem so gestaltet, dass wir ihm hundertprozentig glauben. Schon bald sprechen wir als Kleinkind erste Worte nach und reihen sie neu aneinander. In uns entsteht eine Welt, in der Tausende Gedanken erscheinen und wieder verschwinden, so als ob unzählige beschriftete Luftballons nach oben in den Himmel steigen und anschließend vom Wind fortgetragen werden. Diesen fliegenden Buchstaben geben wir eine große Bedeutung, denn wir sind davon überzeugt, dass sie alle etwas mit uns zu tun haben und wir uns um das, was dort gesagt wird, kümmern müssen.

Auf diese Weise setzen wir unser Innenleben mit unserem wahren Selbst gleich und halten fast alle auftauchenden Aussagen – vor allem die, in denen ichbezogene Wörter vorkommen – für wahr. Doch ein »Ich muss noch dieses oder jenes tun« in deinem Kopf bedeutet nicht, dass du tatsächlich etwas tun *musst*. Es sind nur auftauchende Worte, die einen scheinbar wichtigen Inhalt ergeben. Woher sie kommen, werden wir in einem späteren Abschnitt genauer erforschen. Wenn es denkt: »Ich muss noch einkaufen gehen«, ist es wichtig zu erkennen, dass du nicht einkaufen gehen *musst*. Du *kannst* es tun oder du kannst es lassen, egal was der Gedanke sagt.

Du bist nicht die- oder derjenige, der in deinen Gedanken beschrieben wird, sondern du bist dasjenige, das diese Gedanken beobachten kann.

Ein grundlegender Wechsel der Perspektive ist jetzt notwendig. Lasse jetzt die Aufmerksamkeit, die bisher auf das Außen und deine Gedanken und Gefühle gerichtet war, um 180° drehen. Lasse sie dein Innenleben durchdringen und auf dich selbst zeigen, auf den stummen Beobachter im Hintergrund, auf das, was du in Wahrheit bist. Denn dich gilt es zu entdecken, den stillen Zeugen, das Wahrnehmen oder der Raum, in dem alle Inhalte auftauchen.

Wenn wir hier schon etwas vorgreifen wollen, könnten wir sagen, dass du Raum und Inhalt zugleich bist. Der Raum jedoch bleibt und der Inhalt ändert sich ständig. Dies ist das gesuchte, vollständige Selbst, das bisher durch die überwiegende Fokussierung auf die Gedankenflut übersehen wurde und die ersehnte Ruhe und Stabilität im Leben ermöglicht.

Das Pendel

In uns entstehen normalerweise Abertausende von Gedanken pro Tag. Es ist nicht nur belastend, dass ein großer Teil unserer Lebensenergie mit übermäßigem Denken vergeudet wird. Durch Selbstbeobachtung kannst du auch feststellen, dass viele deiner Gedanken negativ oder wiederkehrend sind und du häufig über eine Angelegenheit intensiv nachdenkst, ohne eine Lösung zu erhalten.

Wie du aus eigener Erfahrung weißt, können Gedanken an ein kommendes Ereignis sowohl Vorfreude als auch Magenschmerzen verursachen. Deshalb sind seit Jahren in uns ablaufende negative Gedankenmuster in der Lage, ungesund auf Körper und Geist einzuwirken.

Angenommen, du bist auf jemanden sehr wütend und sagst: »Denke ich an diese Person, wird mir fast schlecht.« Und tatsächlich zieht sich bei dem bloßen Gedanken an diesen Menschen dein Magen vor lauter Verärgerung zusammen. Doch der Gedanke »Ich hasse sie« ist lediglich eine verzerrte Vorstellung deines Ego, unterstützt von deinem Körper durch eine emotionale Reaktion und physische Kontraktion.

Sie entspringt nicht deiner Urnatur, die keinen Hass kennt.

Stelle dir die gesunde körperliche und seelische Balance eines Menschen wie ein ruhendes Pendel vor. Prasseln dauernd negative Gedanken wie: »Ich bin wütend«, »Das soll nicht so sein«, »Ich bin nicht gut genug« oder »Ich muss es schaffen« auf den Organismus ein, gerät der Mensch irgendwann gesundheitlich aus dem Gleichgewicht. Das Pendel schlägt stärker aus und die Erkrankung nimmt an Intensität zu. Viele körperliche und seelische Krankheitsbilder haben diesen Verlauf und werden durch ungesunde Gedanken und Gefühlsmuster verursacht. Sind diese Störenfriede erkannt und beseitigt, kann es dauern, bis nach dem Geist auch der Körper wieder ins Gleichgewicht kommt. Dennoch ist es möglich.

Die äußeren Umstände wollen uns das Leben nicht schwer machen, sondern sind ein Spiegelbild unseres Innenlebens. Wie ein Wegweiser können sie uns zu mehr Bewusstheit und gesunden Veränderungen führen. Findest du heraus, wer du wirklich bist und wer du nicht bist, hast du Ursache und Lösung für deine Sorgen und Probleme entdeckt.

Verschwinden die falschen Gedanken über dich und die Welt, bist du frei. Sicher wird es auch weiter fordernde Situationen geben, negative Gedankengänge und unangenehme Gefühle. Doch nun erkennst du sie als einen Aufruf an dich, bewusster zu werden und aus dem Traum des Ich zu erwachen. Im Laufe der Zeit wirst du dich weniger in Emotionen und gedankliche Vorstellungen verstricken, sie nicht mehr persönlich nehmen und vor allem nicht mehr so ernst. Du kannst glücklich sein, denn jetzt erkennst du dich als das Leben selbst.

Gedanken abschalten

Bist du davon überzeugt, dass du deine »geistige Stube« einfach nur sauber halten musst, damit keine seelischen und körperlichen Ungleichgewichte auftreten? »Wenn ich meine Gedanken unter Kontrolle habe, wird sich das positiv auf meine Worte, mein Handeln und mein Sein auswirken.«

Schon oft haben wir solche Hinweise gehört und sie klingen logisch. »Die Gedanken sind frei.« Dieses Zitat kennst du wahrscheinlich auch. Aber kannst du wirklich denken, was du willst? Durch das nächste Experiment wirst du herausfinden, wie es um die Freiheit des Denkens bestellt ist: Schalte sofort alle Gedanken für dreißig Sekunden ab.

Und, hast du es geschafft? Wahrscheinlich nicht. Du kannst nicht denken, was du willst, denn deine Gedanken tauchen weiter unkontrollierbar auf. Der Verstand mit seinem überquellenden Gedankenstrom lässt sich nicht so einfach abschalten. Das liegt daran, dass in dieser menschlichen Form *gedacht wird* und wir nicht selbstständig denken. Das Leben, das du selbst bist, ist der Schöpfer dieser Gedanken und es manifestiert sich in vielen Varianten. Warum es in diesem Körper so denkt und nicht anders, bleibt ein Geheimnis. Ein »Ich« kann keine Gedanken erzeugen oder beeinflussen, denn es ist selbst nur ein Gedanke.

Selbstbeobachtung

Beobachte dich in diesem Moment, wie du dieses Buch in den Händen hältst und die Worte liest. Sind für das Umblättern von Buchseiten Gedanken nötig?

Probiere es jetzt aus. Wenn das Umblättern gedanklich nicht kommentiert wird, wer blättert dann? Glaubst du wirklich, dass *du* als Person die Seiten umschlägst, gelegentlich mit den Augen zwinkerst oder dich an einer juckenden Stelle kratzt? Kann ein gedankliches »Ich« den Kopf schief legen, wenn es mit einem gelesenen Satz nicht einverstanden ist? Oder kann dieses »Ich« die komplizierten Vorgänge des Körpers, inklusive Muskelaktionen, Stoffwechsel und Blutkreislauf steuern?

Vielleicht meinst du, dass du unbewusst und automatisch viele Aktionen ausführst, um die du dich nicht zu kümmern brauchst. Und tatsächlich werden alle Aktionen des Körpers erzeugt und gesteuert. Aber nicht von einem persönlichen »Du«, sondern von dem einen Leben, das du bist. Das zu erkennen, ist Erleuchtung, und im Grunde ganz leicht. Allerdings wird unser Blick darauf durch gedankliche Annahmen verschleiert, die sich in uns angehäuft haben, seitdem wir auf der Welt sind. In uns befindet sich ein riesiger Berg an Vorstellungen über das, was wir wahrnehmen und was wir zu sein glauben. Der Irrtum, auftauchende Bewusstseinsinhalte seien unsere wahre Identität, führt dazu, dass wir uns unsicher und gefangen fühlen, anstatt zufrieden und frei. Nehmen wir diese ungeprüften Annahmen ernst und halten sie für uns selbst, sind wir auf Gedeih und Verderb einem unkontrollierbaren Geschehen ausgeliefert. Unablässig tauchen neue gedankliche Irrtümer auf und verschwinden wieder, wir wollen uns an ihnen festhalten und haben daher keine Möglichkeit, das wahre und stabile Fundament in uns zu entdecken.

Unser momentanes Selbstbild beruht auf wackeligen, angreifbaren und vor allem schnell vergänglichen Gedankenformen; wie soll da ein tiefes Gefühl von Frieden und Sicherheit entstehen können? Es ist in etwa so, als ob wir uns in einem schnellen Fluss an ein kleines Stück Treibholz klammern, in der falschen Annahme, das seien wir. Dass es dann im Leben dauernd an uns zerrt, ist kein Wunder.

Doch zum Glück bist du nicht das, was du denkst, und das stabile Fundament ist bereits in dir vorhanden. Du bist wie der stille Grund des Flusses, über dem das Wasser stetig fließt.

Verstand und Ego

An dieser Stelle ist es hilfreich, die Begriffe »Verstand« und »Ego« zu erläutern, weil wir maßgeblich von diesen Mechanismen beeinflusst werden.

Der Verstand wird allgemein als souveräner Denkapparat angesehen, der verschiedene Lebenssituationen durch intelligente Vorgehensweisen beherrscht. Ein biologischer »Supercomputer« erhält Input und erzeugt Output. Dieser Mechanismus wird selten hinterfragt, weil er uns im täglichen Leben auch gute Dienste leistet.

Tatsächlich sieht unser komplettes Innenleben anders aus und hat die Eigenschaften eines über die Jahre konditionierten, sich bedroht fühlenden Wesens. Daher bezeichne ich unser reaktives Selbstgefühl, das Angst vor Angriffen der Umwelt hat, mit dem Begriff »Ego«.

Die Kombination von irreführenden Gedanken und den dazu passenden Emotionen erschafft den Trugschluss, ein persönliches, abgetrenntes Ich zu sein. Wir glauben diesem Geschehen bedingungslos, weil sich unser wahres Wesen seit frühester Kindheit nur mit Gedanken und Emotionen gleichsetzt. Wir sind fest davon überzeugt, dass »Ich« unabhängig und isoliert handele, fühle und auf Situationen reagiere.

Das Pseudowesen »Ego« definiert sich über verschiedene Mechanismen. So muss es sich vergleichen, damit es einen Standpunkt hat, auf dem es sich sicher fühlen kann. Aus der Sicht des Ego ist eine optimale Position höher, besser, edler oder spiritueller als die des Gegenübers. Um das zu bewerkstelligen, werden die Handlungen des anderen mit Argusaugen betrachtet, bewertet und die produzierten Ergebnisse und Urteile in vorgefertigte Schubladen gesteckt.

Setzt sich das Ego anschließend durch entsprechende Reaktionen wie Worte oder Handlungen ins Recht, glaubt es dadurch eine Möglichkeit der Kontrolle zu haben. Zwar besteht immer noch die Angst angegriffen zu werden, doch ist sie nun, zumindest für eine kurze Zeit, weniger spürbar.

Auf eine gegebene Situation reagieren wir meist reflexartig aus dem Vorrat unserer geistigen Konditionierungen heraus, anstatt die Lage bewusst zu betrachten und dann angemessen zu handeln. Sollten in einem Konflikt die angesammelten gedanklichen Mechanismen für den Selbsterhalt nicht ausreichen, ist unser Ego schlau genug, neue Taktiken zu ersinnen.

Weil wir uns mit unseren Gedanken und Emotionen identifizieren, fühlt es sich in einer Auseinandersetzung so an, als ob unser Selbst angegriffen wird. In einem solchen Fall zieht unser Ego alle Register. Es wird gekämpft, gestritten, nachgegeben oder geschmeichelt, damit die in uns existierenden Gedankenformen möglichst wenig Schaden erleiden. Irrtümlicherweise empfindet unser wahres Selbst sie als einen wesentlichen Teil von sich und deshalb sollen sie unbedingt geschützt werden.

Allein schon die Nachrichten oder Streitgespräche im Fernsehen zeigen deutlich, wie Gedankenformen die Menschen kontrollieren. Ob in einem militärischen Konflikt, bei Handlungen des Terrors, einem Wirtschaftsstreit oder nur bei einer politischen Diskussion: Meist geht es um das Bestreben einer Person, sich besser zu stellen als die gegnerische Partei. Das, was ich denke, bin ich, und darum muss mein Gedankengut verteidigt werden, selbst wenn dazu verbale oder sogar physische Angriffe im Außen erforderlich sind.

Dieses anstrengende und irreführende Geschehen steuert und belastet die Menschheit schon seit Tausenden von Jahren in Form von Streit, Unterdrückung, Krieg und Zerstörung, und es bedarf einer drastischen Bewusstseinsänderung, um das zu stoppen. Unser Verstand ist allerdings kein Gegner, der beseitigt werden muss. Das ist weder notwendig noch möglich, weil er ein gleichberechtigter und notwendiger Bestandteil des Lebens ist. Ohne die Verstrickung des Bewusstseins in die Illusion eines eigenständigen, gedanklichen Ich ist der Verstand ein wunderbares Werkzeug, das bei praktischen Belangen nutzbringend eingesetzt werden kann.

Deshalb brauchen wir ihn nicht abzulehnen. Es ist viel hilfreicher, die gedanklichen Aktivitäten zu durchschauen, sie als gegeben zu akzeptieren und nicht mehr so ernst zu nehmen.

Ein gesundes und erfülltes Leben liegt in der gesunden Balance zwischen geistiger Aktivität und innerer Stille, als Menschsein und zeitloses Sein in Einem. Das Erkennen dessen, was jenseits des Verstandes liegt – dein wahres Wesen – bringt Ausgeglichenheit von Geist und Körper zurück.

Erkenne, dass du hauptsächlich das wahrnehmende Gewahrsein bist und nicht die Gedanken- und Emotionsflut in dir. Wenn sie auf ein gesundes Maß schrumpft, kommen Energie und Lebensfreude zurück. Dann löst sich die Identifikation mit dem falschen Ich auf und dein bewusstes Sein und Handeln können, solange du als Mensch hier bist, heilsam auf dein Umfeld und die gesamte Menschheit wirken.

DAMALS

Etwas in dir ahnt, dass dein wahres Ich umfassender ist, als du es bisher empfunden hast. Diese Ahnung zu einer Erfahrung von Ganzheit zu machen, ist der Zweck dieses Buches.

Dafür ist es erforderlich, für eine kurze Zeit in die Vergangenheit zurückzugehen, denn dort haben sich viele gedankliche und emotionale Muster entwickelt, die uns bis heute beeinflussen. Wenn wir unser inneres Geschehen weiter ignorieren, ist es trügerisch anzunehmen, dass sich das Leben trotzdem in voller Blüte entfaltet und wir ungestört in Richtung Bewusstheit weitergehen können. Falls die oberflächlichen Wellen des Daseins noch sehr rau und hoch sind – in Form von Sorgen und Problemen – werden sie dich früher oder später wieder mitreißen und du wirst von dir selbst enttäuscht sein.

Wenn du dich jetzt für eine Weile mit deinem Innenleben beschäftigst, anstatt es ängstlich zu umgehen oder zu verdrängen, wird es irgendwann still in dir und das Licht, das du bist, kann mit voller Kraft erscheinen.

Was war immer gleich?

Vielleicht erinnerst du dich an eine Situation, als du ein kleines Kind warst, etwa vier oder fünf Jahre alt. In deinem Zimmer oder draußen im Garten warst du eins mit dir und vollkommen in deinem Spiel versunken. Gelegentlich hast du es vielleicht unterbrochen und dich aufmerksam in der Gegend umgesehen.

Später in der Jugend hattest du eine neue Vorstellung davon, wer du bist. Doch eventuell erinnerst du dich auch aus dieser Zeit an eine Situation, in der du dich eins mit dir fühltest. Jetzt, im Erwachsenenalter, definierst du dich als ein selbstbestimmtes Wesen mit einer weiteren, neuen Identität. Du fühlst dich anders als in den vorherigen Lebensabschnitten, trotzdem gibt es wahrscheinlich auch jetzt Momente, in denen du bei dir und zufrieden bist.

Obwohl sich deine Identität im Leben kontinuierlich geändert hat, gibt es ein Gefühl, das während der ganzen Zeit gleich geblieben ist. Weißt du, wovon ich spreche? Forsche in dir nach, ob du es entdecken kannst und lies dann weiter.

Wovon ich rede, ist das Gefühl deiner eigenen Anwesenheit, das tiefe Wissen »Ich bin«. Es ist egal, wie du dich definierst oder was du zurzeit tust.

Im Hintergrund des Daseins befindet sich meist unerkannt das Gewahrsein deiner Existenz. Dieses Gefühl kann man mit den Worten benennen: »Ich lebe«.

Erst wenn du weniger denkst, kann dieses Lebensgefühl wieder voll gespürt werden. Sei froh, dass es bereits zu dir gehört. Das innere Licht des Bewusstseins, das gelegentlich in stillen und besonderen Momenten durchscheint, ist kostbar, denn es hält uns in dieser menschlichen Form am Leben. Spüre in dich hinein. Kannst du fühlen, dass du lebendig bist?

Die Trennung in der Wiege

Das neugeborene Kind weiß nicht, dass bereits ein Gefühl der Trennung eingesetzt hat und in seinem zukünftigen Leben für viele Konflikte sorgen wird. Noch kann das Kind nicht zwischen hier und dort, innen und außen, sich und den anderen, unterscheiden. Dass es die sichere Einheit, aus der es stammt, verlassen hat, hat es noch nicht vollständig realisiert. Ruhig an der Mutterbrust liegend, fühlt es sich geborgen wie vor der Geburt.

Doch wenn die Mutter das Kind zum ersten Mal länger allein lässt, spürt es die Veränderung. Die daraus folgende Verunsicherung verursacht Angst, und das Kind will die Mutter durch sein Schreien zurückholen. Das Gefühl der Einheit und Sicherheit soll wieder hergestellt werden. An das erste Geschehen dieser Art wirst du dich wohl nicht mehr erinnern, denn wahrscheinlich lagst du zu diesem Zeitpunkt noch in deiner Wiege. Vielleicht schauten deine Eltern zu dir hinab und nannten deinen Vornamen. Als kleines Kind wusstest du nicht, was sie dir sagen wollten, denn gedankliche Konzepte von »du und ich«, »mir und den anderen«, waren noch nicht etabliert.

Doch irgendwann geschah das Unausweichliche und dir wurde klar: »Ich bin mit dem Namen und dem Fingerzeig gemeint. Ich soll das sein.« Plötzlich zog sich die noch eben verspürte unendliche Weite der Einheit zusammen auf ein kleines Wesen aus Fleisch und Blut. War ich vorher noch eins mit allem und hatte das Gefühl von Geborgenheit, wurde es jetzt eng für mich. Durch den Eindruck, nur noch dieser kleine Körper zu sein, entstand eine Abgrenzung zwischen »mir« und »dem Anderen«. Das ehemals Vertraute, das immer zu mir gehört hatte, wurde mit einem Mal fremd, übergroß, unkontrollierbar und bedrohlich.

Ich bin angreifbar geworden.

Dies ist das einschneidendste Ereignis im menschlichen Dasein und erzeugt ein starkes Gefühl von Lebensangst – die Urangst der Trennung. Das junge menschliche Wesen fühlt sich aus der liebevollen Einheit des Lebens herausgerissen und hineingeschleudert in eine unbekannte, gefährliche Welt. Als Reaktion darauf wird ein Sicherheitssystem eingerichtet, das zukünftig vor der Angst machenden und scheinbar bedrohlichen Welt schützen soll. Dafür muss alles, was ich nicht kenne, in dieses System integriert werden, damit es mir wieder vertraut vorkommt und ich es kontrollieren und für meine Sicherheit nutzen kann.

So entstehen der Verstand und das Lernen. Das, was ich bin und ursprünglich als Einheit empfunden hatte, wird nun durch Begriffe und gedankliche Konzepte in Einzelteile zerlegt. Jede Erscheinung, jedes Ding erhält ein Etikett, seinen Namen.

Ein komplexes System trügerischer Sicherheit wird erzeugt, durch das ich glaube, alles zu kennen, einordnen und kontrollieren zu können. Nun brauche ich vor der Welt nicht mehr so viel Angst zu haben, denn je nach Situation kann ich das passende gedankliche Konzept hervorholen, es anwenden und mich gegebenenfalls damit verteidigen.

Doch schnell tritt etwas ein, das nicht verhindert werden kann. Mein Kontroll- und Schutzsystem erweist sich trotz aller Bemühungen als instabil und durchlässig. Die Angst, von der Welt angegriffen zu werden und mich in ihr zu verlieren, bleibt und wird im Laufe der Zeit noch größer. Aus dem Mechanismus des Verstandes entwickelt sich nun etwas mit den Eigenschaften eines eigenständigen Wesens, das sich in der bedrohlich wirkenden Welt behaupten muss: das Ego.

Wahrscheinlich war einiges in deiner Kindheit schön und deine Eltern oder deren Stellvertreter haben dich so gut erzogen und umsorgt, wie sie es mit ihrem Bewusstseinsgrad konnten. Trotzdem sind die meisten negativen Gedanken und Gefühle in dieser Zeit entstanden, denn aus der Urangst der Trennung entstehen automatisch und ohne dass wir es verhindern könnten, die belastenden Emotionen Angst, Wut, Hass, Selbsthass, Neid, Scham, Trauer und Schuld.

Im Spiel des Lebens werden schon früh Herausforderungen kreiert, denen wir uns stellen dürfen. Sie erscheinen aber nicht, um uns sinnlos zu ärgern, sondern damit wir zu mehr Bewusstheit und Selbsterkenntnis gelangen. Dazu gehört auch die Zeit in unserem Elternhaus. Dieser oft leidvoll erscheinende Lebensabschnitt ist ein elementarer Bestandteil unseres Daseins. Wieso uns dort genau dieses oder jenes geschah, wird sich uns vielleicht nie offenbaren.

Damals ist alles geschehen, wie es sollte, und nichts hätte jemals anders sein können. Warum das so ist, wirst du im Laufe dieses Buches erkennen. Womöglich wird dein gegenwärtiges Leben noch durch die alten Gedanken und emotionalen Reaktionsmuster belastet. Glücklicherweise hast du jetzt die Möglichkeit, sie aufzudecken und gehen zu lassen.

Ich darf nicht sein, wie ich bin

Erinnerst du dich an die Zeit, als du klein warst und etliche Herzenswünsche hattest? Offen gingst du damit auf deine Eltern zu und wolltest sie mit Liebe und Lebensfreude präsentieren. Doch mit diesen Anliegen konnten deine Eltern oft nicht zufriedenstellend für dich umgehen und sie lehnten deine Wünsche ab. Möglicherweise gab es Umstände, die ihre Achtsamkeit für deinen Wunsch verhindert oder ein Missverständnis zwischen euch erzeugt haben.

In den meisten Fällen haben deine Eltern für dich getan, was sie konnten, oder dir wenigstens Trost gespendet. Vielleicht hattest du manchmal sogar Verständnis für ihre Abwehrreaktionen und hast sie deshalb hingenommen. Dennoch fühltest du dich durch die Ablehnung im Inneren getroffen und wurdest vielleicht traurig oder wütend.

Auch unseren Eltern war es meist nicht gestattet, sich mit ihren wahren Wünschen auszudrücken. Als sie klein waren, verursachte die Unterdrückung ihres natürlichen Ausdrucks wie bei dir einen seelischen Schmerz. Um ihn nicht mehr fühlen zu müssen, wurde er im psychologischen und energetischen System verdrängt.

Durch deine Bedürfnisse wurden deine Eltern daran erinnert, dass sie in ihrer Kindheit nicht so sein durften, wie sie es sich gewünscht hatten. Ihr seit langer Zeit verdrängter Schmerz tauchte plötzlich wieder auf. Doch das wollten deine Eltern nicht mehr fühlen, und durch diesen automatischen Abwehrmechanismus wurden deine Herzenswünsche abgewiesen.

Vielleicht sagten sie oft zu dir: »Jetzt nicht« oder »Lass das sein«. Als Reaktion darauf hattest du irgendwann angefangen zu glauben: »Ich bin nicht richtig und gut genug.« Aus diesem tragischen Irrtum, der Ursache für viele belastende Reaktionsmuster und Lebenssituationen ist, entwickelte sich schließlich das Gefühl »Ich muss anders sein als ich bin, um geliebt zu werden«.

Ab dem Zeitpunkt, wo sich diese falschen Ideen in dir festgesetzt hatten und mehr Raum einnahmen, wurde dein Dasein anstrengend und kompliziert. Deine Fähigkeit, bewusst und ungezwungen mit verschiedenen Herausforderungen umzugehen, verringerte sich drastisch durch deine Neuorientierung an gedanklichen Irrtümern. Deine Eltern wären wahrscheinlich schockiert gewesen, hätten sie dein Innenleben wahrnehmen können. Sie wollten dir nicht schaden, sondern sie haben dich geliebt und wollten dich, so gut sie konnten, zu einem selbstständigen Wesen erziehen. Trotzdem war jetzt das Gefühl in dir vorhanden, anders sein zu müssen.

Eine verzerrte Ansicht beeinflusst dich seit deiner Kindheit, genauso wie sie deine Eltern beeinflusst hat. Sie redet dir ein, dass vieles von dem, was du dir von Herzen wünschst, nicht in Erfüllung gehen wird.

»Sollte ich meine wahren Ziele anstreben, werde ich daran gehindert, dafür ignoriert oder sogar bestraft werden.« So denkst und fühlst du womöglich noch immer und wirst dadurch zum größten Verhinderer deiner Sehnsüchte. Unbewusste Abwehrmechanismen, wie spontane Erkrankungen oder Unfälle können geschehen, die du nicht als Selbstsabotage erkennst. Und wahrscheinlich tauchen überzeugende Argumente deines Verstandes auf, warum du auf jeden Fall die Finger von deinen Herzenswünschen lassen solltest.

Anpassung

Angenommen, du sitzt als Kind in deinem Zimmer und spielst zufrieden mit deinem Spielzeug. Plötzlich hörst du aus dem Nebenzimmer, dass deine Eltern sich streiten. Beunruhigt gehst du nach nebenan, um nachzuschauen, was los ist. Du siehst deine Eltern an und spürst genau, dass etwas nicht in Ordnung ist. Doch seltsamerweise behaupten sie sofort das Gegenteil und wollen dich trösten.

In dir entsteht ein Konflikt, denn deine Eltern sagen: »Alles ist in Ordnung«, du jedoch fühlst: »Etwas stimmt hier nicht«. Da du von deinen »Göttern«, den Eltern, und ihren Meinungen und Entscheidungen abhängig bist und dein Bild von ihnen heil bleiben soll, musst du ihnen glauben. Tragischerweise ziehst du daraus den Schluss, dass sie immer recht haben. Und für dich kann das nur bedeuten, dass du im Unrecht bist, wenn du etwas anderes fühlst.

Falls diese Situationen häufiger auftreten, beginnst du schon bald, dir und deinen Gefühlen zu misstrauen und in diesem Moment verlierst du eines der wertvollsten Dinge im Leben: dein Selbstvertrauen. Jetzt hast sich etwas Entscheidendes in deinem jungen Leben verändert. Du hörst nicht mehr auf deine natürliche innere Stimme, die dich sicher durch das Leben leiten könnte, sondern du achtest eher auf das, was die Umwelt sagt und von dir erwartet. Diese Orientierung hin zu äußeren Meinungen wird sich im Laufe deines Lebens noch verstärken und für anstrengende Situationen sorgen.

Da du nun äußere Meinungen schnell integrierst und zu deiner eigenen Meinung machst, hast du keine Möglichkeit mehr, sie als gedankliche Irrtümer zu entlarven. Im Gegenteil – du hältst sie für dich selbst und beginnst, sie zu schützen.

Im Elternhaus gibt es alltägliche Abläufe und Regeln einzuhalten, und im Laufe der Zeit hält das Kind vieles, was die Eltern sagen und tun, für wahrer und wichtiger als die eigenen Gefühle. Stimmt zudem seine Haltung weitgehend mit der Meinung der Eltern überein, setzt es sich weniger Konflikten aus. Durch Anpassung scheinen Zuwendung und Liebe der Eltern leichter zu erreichen zu sein, und das ist für das Kind immer noch das wichtigste Bestreben. Manchmal führt die Anpassung des Kindes so weit, dass es sämtliche Ansichten und Wertvorstellungen der Eltern in sich integriert. Um später aus dem Familienverbund nicht unangenehm herauszuragen oder gar als »Verräter« der familiären Ansichten zu gelten, entsteht der Gedanke: »Ich darf nicht über meine Eltern hinauswachsen«.

Diese Geisteshaltung erzeugt ein zusätzliches Hindernis in der freien Entwicklung eines Menschen. Aus Angst vor Ablehnung und Liebesentzug wählt ein mit diesem Gedanken belastetes Kind später häufig einen ähnlichen oder denselben Beruf wie die Eltern, um nicht erfolgreicher zu werden als sie.

Vielleicht traut sich der junge Erwachsene auch nicht zu, die heimatlichen Gefilde zu verlassen oder erschafft sich eine Familienkonstellation wie die bereits vertraute. Sollten die Eltern aber bestimmte Wünsche an das Kind richten, beispielsweise nach einem »besseren« Beruf als den eigenen oder nach Enkelkindern, wird sich ein konfliktscheues Kind auch hier fügen, um sie zufriedenzustellen.

Obwohl durch das angepasste Verhalten zunächst vieles im Außen harmonisch erscheint, schwelen unterschwellig Groll und Trauer darüber weiter, sich nicht den wahren Wünschen entsprechend verwirklicht zu haben. Im Laufe der Entwicklung taucht im Kind gelegentlich ein leises Unbehagen auf, denn das Gefühl, das aus der wahren Natur jedes Menschen spricht, verstummt nicht. Das Kind hat noch mehr Verbindung dazu als ein Erwachsener und empfindet einen inneren Zwiespalt zwischen der Orientierung an seinen natürlichen Gefühlen und der stärker werdenden Stimme des Ego.

Die daraus entstehende Anspannung bringt das Kind hauptsächlich mit seinen Eltern und deren Vorgaben in Verbindung. Doch gleichzeitig braucht es immer noch die Liebe und Anerkennung der Erwachsenen. Jetzt schwankt das Kind zwischen der Sehnsucht nach Liebe und seiner Wut und Ablehnung gegenüber Autoritäten. Weil es vielleicht aufbegehren will, aber nicht darf, entwickelt daraus sehr häufig ein tiefer Hass auf sich selbst.

Von diesem schweren Konflikt ihres Kindes wissen die Eltern meist nichts. Sie wollen es nach ihren Möglichkeiten umsorgen und zu einem – aus ihrer Sicht – im Leben erfolgreichen Wesen erziehen. Dennoch fühlt sich das Kind machtlos und gefangen.

Eine folgenschwere Entscheidung

Mittlerweile hat sich das ältere Kind daran gewöhnt, im Elternhaus zu funktionieren. Die Eltern verhalten sich nach wie vor nicht immer so, wie es dem jugendlichen Bedürfnis nach Geborgenheit und Halt zuträglich wäre. Weil das Kind oft das Gefühl hat, dass jeder nur mit sich selbst beschäftigt ist, macht es sich nur noch dann bemerkbar, wenn es sich dadurch Vorteile verschaffen kann.

Dieses freudlose Bild wird komplettiert durch den Zeitmangel und die scheinbare Verständnislosigkeit der Eltern. Unterschwellig entsteht nun das Gefühl »Ich muss es irgendwie schaffen, hier herauszukommen«. Es bleibt aber ein Rätsel, wie das funktionieren soll, denn nach wie vor besteht eine Abhängigkeit zum Elternhaus.

Verunsichert und verärgert vom täglichen Ablauf in der Familie trifft ein sich einsam fühlendes Kind manchmal eine folgenschwere Entscheidung: »Ich weiß nicht, wo ich hin soll, damit ich mich geborgen fühle. Vollständig kann ich keinem vertrauen und ich bin wütend. Nur selten bekomme ich, was ich mir wirklich wünsche: echte Aufmerksamkeit. Mir reicht es. Ab jetzt mache ich alles allein.«

Mit dieser Entscheidung hat sich der junge Mensch dazu verurteilt, zukünftig innerlich einsam durch das Leben zu gehen, egal wie sich seine Beziehungen im Außen später darstellen. Der Wille des jungen Ego kann schon so stark sein, dass es sich fast vollkommen abtrennt und das natürliche und Freude bringende Daseinsgefühl verschleiert »Ich bin verbunden mit dem Leben«.

Überlebensstrategien

Durch den Überlebensdruck des Ego haben wir verschiedene Strategien entwickelt, um Kontrolle über scheinbar bedrohliche Situationen im Elternhaus und der Umwelt zu erlangen. So können schon früh hohe Intelligenz und Schlagfertigkeit entstehen, um auf gegebene Situationen zu reagieren. »Wenn ich in der Lage bin, alles schnell zu begreifen, einzuschätzen und einzuordnen, gibt es nichts Fremdes mehr, das mir gefährlich werden kann. Ich bin sicher und werde überleben.« Diese Fähigkeiten sehen auf den ersten Blick erstrebenswert aus, und tatsächlich wird Intelligenz in dieser Welt behandelt wie der Heilige Gral. Viele Eltern wünschen sich, dass ihr Kind als hochbegabt angesehen wird, damit es später bessere

Karrierechancen hat. Welche Last sie ihrem Kind damit aufbürden, sehen sie nicht.

Um sich gegen Angriffe von außen zu schützen, kommt unserem Ego hohe Intelligenz sehr recht. Das unsichere Gedankengebilde will besser sein als seine Mitmenschen und so für mehr Eigensicherheit sorgen. Auf der anderen Seite der intellektuellen Medaille fehlen oft Spontaneität und Leichtigkeit. »Ich muss auf der Hut sein, dass niemand schlauer, gebildeter oder erfolgreicher ist als ich.«

Durch die ständige Unsicherheit, überholt zu werden, wird das Leben anstrengend und starr, doch der erreichte Status soll unbedingt erhalten bleiben. Unter jemand anderem zu stehen, macht dem Ego Angst, weil es sich über gedankliche Positionen definiert. Haben »meine« Gedanken in einem Streit oder einer Diskussion mehr Anteil als die Gedanken anderer Personen, bin ich wichtiger, größer und wertvoller als sie. Dieses Gefühl verfestigt das Ego weiter und durch die Scheinstabilität fühlt es sich weniger angreifbar. »Je mehr und schneller ich denke, desto mehr bin ich.«

»Wissen ist Macht.« Diesen Ausspruch kennst du wahrscheinlich und glaubst vielleicht auch daran. Doch dass Wissen nur Gedanken in scheinbar sinnvoller Anordnung ist, die einen fest im Griff haben und meist mit der Wirklichkeit nichts zu tun haben, wird nur selten erkannt.

Weitere Überlebensstrategien des kindlichen Ego sind übermäßige Diplomatie und das voreilige Ja-Sagen in Begegnungen mit anderen Menschen. Konflikte und Zurückweisung sollen auf diese Weise umgangen werden. Häufig wird das gesunde Einstehen für sich zugunsten eines faulen Kompromisses aufgegeben. »Meine Eltern, Lehrer und Freunde sollen mich mögen, deshalb stecke ich lieber zurück, um ihnen zu gefallen.« Dieses Verhalten findet sich später im Arbeitsleben, in Beziehungen und im Familienleben wieder, wo es jedem recht gemacht werden soll.

Ein anderes Kind wählt unbewusst den Rückzug nach innen, um sich vor unangenehmen Situationen und dem Gefühl der Zurückweisung zu schützen. Gestörtes Lernverhalten, Passivität und andere seelische Störungen können die Folge sein. Hier wirkt der Gedankensatz »Lasst mich alle in Ruhe«.

Andere Varianten, mit Situationen umzugehen, sind beispielsweise Rebellion und Wut – der Kampf gegen das, was das Leben einem präsentiert. Hier will das Ego seine eigene Verletzlichkeit hinter einer Maske aus Stärke und Angriffslust verstecken.

Dies sind einige Beispiele für Ausprägungen des kindlichen Ego, die das spätere Leben stark belasten können. Doch das ist kein Problem, denn bereits das Wiedererkennen und die Akzeptanz, dass es diese ungesunden Mechanismen gibt, reichen aus, um positive Veränderungen und einen bewussteren Umgang mit dir und deinem Umfeld zu bewirken. Vielleicht erscheint der Wunsch, zu Heilung und Ganzheit zurückzukehren.

Bei den genannten Egostrategien handelt es sich um unbewusste Vorgänge und nicht um willentliche. Sie treffen auch nicht auf jede Person zu, aber wie du vielleicht selbst feststellen kannst, auf viele.

Deine Eltern kann bezüglich deiner Kindheit und deiner Erziehung übrigens kein Vorwurf treffen. Sie haben gemäß ihres Bewusstseinszustandes getan, was sie für richtig hielten. Nur weise Menschen können weise handeln. Und wer handelt nur weise?

Hilf deinen Kindern

Falls du Kinder in deiner Obhut hast, stelle eine echte Verbindung zu ihnen her. Vielleicht nimmst du dein Kind in den Arm und sagst ihm: »Du bist gut so, wie du bist. Du darfst so sein, wie du willst, und genauso habe ich dich lieb. Du musst nichts für mich tun und ich freue mich, dass es dich gibt.«

Es wird deinem Kind gut tun, durch deine bedingungslosen Worte und Taten zu erfahren, dass es sich nicht verstellen muss und erhält so mehr Vertrauen und Selbstsicherheit. Voraussetzung dafür ist aber, dass auch du dich für niemanden verstellst. Erst mit einer liebevollen Haltung dir selbst gegenüber kannst du andere Menschen lieben und akzeptieren. Dann gibst du dir, deinen Kindern und deinem Umfeld die Möglichkeit, sich frei im Leben auszudrücken. Wie das funktioniert, werden wir später ausführlich besprechen. Diese Empfehlung gilt übrigens für alle Menschen in deinem näheren Umfeld, nicht nur für deine Kinder.

Vielleicht konntest du dich damals mit deinen Sehnsüchten ausdrücken und entwickeln. Falls du in einem bewussten Zuhause aufgewachsen bist, werden dich einige der beschriebenen Denkmuster nicht besonders stören, weil sie vielleicht nur schwach ausgeprägt sind. Aber es ist wahrscheinlicher, dass du dich in wenigstens einem der Beispiele wiedergefunden hast.

Für ein erfülltes Dasein ist es notwendig, diese Erkenntnisse zu integrieren und jene, die über die Wirkung einer glücklichen oder unglücklichen Kindheit noch weit hinausgehen. Lass uns dafür nun unsere derzeitige Situation beleuchten, in der Welt der Erwachsenen.

HEUTE

Glaubensmuster und Entscheidungen aus Kindheit und Jugend wirken bis heute weiter. Oft treiben sie uns zu etwas an, das im Gegensatz zu unserer tiefen Sehnsucht nach Selbstverwirklichung steht.

Rollenspiele

Leistest du in deinem Job freiwillig viele Überstunden, um deinem Vorgesetzten zu gefallen oder erbringst du Freundschaftsdienste für Leute, obwohl du deine freie Zeit zur Erholung benötigst? Machst du Zusagen für private Treffen, zu denen du eigentlich keine Lust hast?

Diese Dinge tust du, um Liebe und Anerkennung zu bekommen. Die Angst vor Zurückweisung und Liebesentzug und das Gefühl der Einsamkeit bringen dich dazu, anders zu sein als du wirklich bist, doch ein Gefühl von echter Verbundenheit stellt sich dadurch nicht ein. Der alte Gedanke »Ich muss anders sein« erzeugt dieses Verhalten und hält dich von dem ab, was du wirklich suchst: Erfüllung, liebevolle Begegnungen und innere Freiheit. Ein altes

Glaubensmuster schädigt deinen Frieden und deine Gesundheit. Das erkennst du aber nicht, weil du glaubst, was du denkst, und daher der Stimme deines illusionären Ich folgst.

Wenn Situationen, Probleme oder Aussagen auftauchen, die an deinem fest konditionierten Verhalten rütteln, reagierst du manchmal mit spontanen Rechtfertigungen, Gereiztheit oder Wut, gelegentlich mit Trauer. Kommst du mit einer Situation allein nicht zurecht, bist du trotzdem häufig zu stolz oder zu misstrauisch, um Hilfe zu holen. Aufrichtige Hilfsangebote von Freunden, die deiner Entlastung oder Neuorientierung dienen könnten, werden vielleicht nur widerstrebend oder gar nicht angenommen, da ein Hören auf diese Ratschläge dich von deinem beschlossenen Weg abbringen könnte.

Vielleicht fühlst du dich in vielen Lebenslagen einsam und wütend, trotzdem bleibst du bei der Meinung, Hilfe sei nur etwas für schwache Menschen. Alles, was du dir vorgenommen hast, willst du allein schaffen und dir in nichts reinreden lassen. Obwohl du auf deiner Unabhängigkeit bestehst, gärt in dir die verborgene Sehnsucht nach echter Zuwendung und Anerkennung weiter. Du bist gefangen in einem unsichtbaren Teufelskreis.

Womöglich hast du schon lange einen Partner oder eine Partnerin. Trotzdem bist du zu echten und tiefen Beziehungen nicht fähig, weil du niemandem vollständig vertraust. Insgeheim glaubst du selbst dann noch an einen verborgenen Haken, wenn dir jemand sein ganzes Herz schenken will. Das Umfeld wird kritisch und distanziert beäugt und nicht viele Menschen werden deinen Ansprüchen gerecht. Du sitzt in einer selbst errichteten Falle, denn vor langer Zeit hattest du einen Vertrag mit dir geschlossen, der lautet: »Ich mache alles allein«. Diese Abmachung ist längst vergessen, aber ihre volle Wirkung besteht noch immer.

Sollte wahre Nähe zu einem anderen Menschen zustande kommen, bist du oft nicht fähig, sie vollständig zu fühlen. Ein ausgeprägter Fluchtreflex hilft dir dabei, schnell aus der Beziehung wieder herauszukommen, damit du unabhängig bleiben kannst. Die Anspannung zwischen der Sehnsucht nach echten Beziehungen ohne Maskerade und der Angst, wie damals im Elternhaus zurückgewiesen zu werden, nagt an dir. Shopping, Essen, Fernsehen, übermäßiger Sex, Alkohol oder Drogen sind die ungesunden Mittel, um diesen Schmerz zu dämpfen.

Mit der Zeit wirst du immer bedrückter und hast das Gefühl, dem Leben hilflos ausgeliefert zu sein.

Um nicht völlig unterzugehen, lautet eine Abwehr-methode des verletzlichen Ego, innerlich zu verhär-ten. Dieser Schutzmechanismus lässt dich zynisch werden und scheinbar sehr treffsicher im Urteil über deinen Nächsten. Für die Absurditäten des täglichen Lebens entwickelst du ein scharfes Auge und häufig auch eine scharfe Zunge. Mit diesen Eigenschaften gewinnst du schließlich Aufmerksamkeit und die oberflächliche Zuneigung deiner Umwelt.

Deine Schlagfertigkeit und scheinbar stets gute Laune kommen an und damit hast du die Mittel gefunden, wieder gesehen zu werden. Die Rolle des geistreichen, unabhängigen und witzigen Typs passt zu dir wie auf den Leib geschneidert, und gut dahinter verstecken kann man seinen wahren Seelenzustand auch.

Traurig und innerlich einsam hast du es vielleicht irgendwann satt, den lustigen und cleveren Clown zu spielen. Eine leise Stimme in dir sagt, dass dein Verhalten ganz und gar nicht deinem wahren Wesen und deinen wahren Wünschen entspricht und dir eine persönliche Veränderung gut täte.

Bisher hattest du deine Rolle in Gegenwart deiner Familie, Freunde und Bekannten mit großer Überzeugungskraft vorgetragen, aber jetzt willst du sie nicht mehr, weil sie zu anstrengend ist. Vielleicht überlegst du schon, welche Möglichkeiten der Veränderung es für dich gibt, doch die Welt da draußen bekommt davon nichts mit und erwartet anscheinend weiter von dir, das Schauspiel aufrechtzuerhalten.

Weil du schließlich doch keine Möglichkeit findest, aus deiner Rolle auszubrechen, erduldest du weiter die äußeren Erwartungen und den wachsenden inneren Druck. Vielleicht redest du dir ein, dass es anderen noch viel schlechter geht als dir und dein Zustand wohl zum normalen Leben dazugehört. So entfernst du dich immer weiter von deiner Ganzheit und hast Mühe, deine seelischen Bruchstücke irgendwie noch zusammenzuhalten.

Vielleicht spielst du auch eine andere Rolle im Leben, beispielsweise die der »barmherzigen Schwester«. Du willst jedem in allen Lebenslagen helfen, dir jedoch hilft kaum jemand. Zwar klagst du gelegentlich halbherzig über fehlende Unterstützung, aber im Grunde bist du mit deiner aufopferungsvollen Rolle einverstanden. Weil durch deine nach außen gerichteten Hilfsaktionen keine Zeit mehr für das Erkennen und die Befriedigung deiner wahren Bedürfnisse übrig bleibt, bekommst du von ihnen nur noch selten etwas mit.

Auf diese Weise brauchst du dich nicht weiter mit deiner Sehnsucht nach wahrhaftiger, bedingungsloser Liebe auseinanderzusetzen und den Schmerz zu fühlen, der durch ihre Nichterfüllung entstanden ist. Und aus deiner Sicht hat es einen weiteren Vorteil, niemanden so richtig an dich herankommen zu lassen: Trittst du nur einseitig in Beziehung zu deiner Umwelt, gehst du nicht das Risiko ein, enttäuscht oder verletzt zu werden.

Doch diese Angst verhindert gleichzeitig den wichtigsten Kontakt in deinem Leben – die Begegnung mit deinem wahren Selbst und der bedingungslosen Liebe, die du bist.

Es existieren viele Rollen im Leben, von denen wir glauben, sie spielen zu müssen. Welche Rolle spielst du?

Zerreiße den Vertrag

Um aus der Falle der selbst gestrickten Einsamkeit herauszukommen, ist es erforderlich, den alten Vertrag aus der Kindheit »Ich mache alles allein« zu zerreißen.

Wenn du die Nase voll davon hast, den Clown, den Zyniker, die barmherzige Schwester oder eine andere Rolle zu spielen, setze dich an einen Ort hin, wo du dich sicher fühlst und sage laut: »Ich entscheide mich jetzt dafür, nicht mehr einsam zu sein. Ich will verbunden sein. Ich will liebevoll sein, mir selbst gegenüber und der Welt. Ich will fühlen, was gefühlt werden will. Auf wahre Nähe kann ich mich einlassen und ohne Maske fühle ich mich richtig und gut. Echte Beziehungen verletzen oder töten mich nicht, sondern stärken und erfüllen mich. Ich bin eins mit dem Leben, mit allem verbunden.«

Für deine neue Entscheidung kannst du selbstverständlich eigene Worte wählen. Hauptsächlich kommt es darauf an, deine damals aus Wut und Frustration heraus getroffene Abmachung grundehrlich und aus vollem Herzen rückgängig zu machen und sie in eine heilsame Richtung zu lenken.

Tränen der Erleichterung können kommen, weil du dich endlich aus deinem eigenen Gefängnis entlassen hast. Durch das Fließen alter, blockierter Gefühle erfolgt eine Neuorientierung und das Leben gestaltet sich sofort freundlicher. Begegnungen werden als inniger und wahrhaftiger und nicht mehr als bedrohlich empfunden. Dieses neue Gefühl trügt dich nicht, denn du bist als menschliches Wesen gleichberechtigt im Netz des Lebens eingewoben. Deshalb bist du nicht allein, sondern mit allem in Liebe verbunden.

Die junge Soldatin

Im Zug saß mir eine junge Frau gegenüber, die mit ihrem Bruder telefonierte. Wiederholt forderte sie ihn auf, ihre Entscheidung gutzuheißen. »Nun freu dich doch mit mir. Sei stolz auf mich. Ich habe es heute geschafft, und nur wenige haben die Eignungsprüfung bestanden.« Daraufhin schilderte die Frau ihrem Bruder am anderen Ende der Leitung, in welcher Einheit der Armee sie in ihrer Grundausbildung eingesetzt werden sollte.

Nachdem sie aufgelegt hatte, blickte sie mich freudestrahlend an und erklärte, sie habe jetzt für dreizehn Jahre eine feste Anstellung bei der Armee. Ich merkte an, dass es eine recht lange Zeit sei. Die junge Frau nickte und betonte überzeugt, durch diese Entscheidung erhalte sie berufliche und finanzielle Sicherheit. Ihr sei klar, dass sie jetzt festgelegt sei, aber schließlich lebe sie in einer Leistungsgesellschaft. Bevor man sich verwirklichen dürfe, müsse man in Vorleistung gehen und etwas vorweisen. Obwohl die Frau erst achtzehn Jahre alt war, hatte das Ego sie schon vollständig im Griff. Fest integrierte Autoritätsstimmen flüsterten ihr ein: »Bevor du gut und wertvoll genug bist, muss du etwas schaffen und die Anerkennung der Gesellschaft erhalten. Erst dann darfst du vielleicht tun, was du dir wirklich wünschst.«

Der Sinn des Daseins wurde von der jungen Frau mit einer kollektiven Verrücktheit verwechselt. Welche Folgen das haben kann, wird dir vielleicht beim Lesen dieser Zeilen klar. Folgst du den Anweisungen des Ego, weil du keine wahrhaftigen Vergleichsmöglichkeiten hast, ist die Gefahr groß, sich in anstrengenden, komplizierten und manchmal sogar lebensbedrohlichen Situationen zu verirren.

Horche in dich hinein und erforsche, in welchen Bereichen du diese »Ich muss«-Stimmen kennst.

Meist sind es übernommene Meinungen aus der Kindheit, von Familie und Gesellschaft, und sie reden dir ein, etwas tun zu müssen, das nicht deiner natürlichen Funktion in dieser Welt entspricht.

Du musst und sollst nichts tun. Du *bist* bereits und das genügt. Das Leben hat es als wertvoll erachtet, sich auch als dich hier zu manifestieren. Es hat sich für dich entschieden. Das waren nicht deine Eltern. Sie konnten nicht planen, dass *genau du* geboren wirst.

Das Leben hat sich auch als dich erschaffen und deshalb bist du nur ihm verpflichtet. Deine einzige Aufgabe ist es, in Wahrhaftigkeit lebendig zu sein.

Das Leben hat sich übrigens auch als deine Eltern erschaffen, wozu diese ebenfalls nichts beitragen konnten. Alles ist so geschehen, wie es sollte, sonst wäre es anders geschehen. Ohne Ausnahme.

Erkenne: Alles wird vom Leben erschaffen, somit ist es die einzige Autorität und das einzig Wertschaffende. Dem kann ein persönliches Ich weder Wert hinzufügen noch nehmen. Dieser Einsicht zufolge bist du genauso wertvoll wie alles andere auf diesem Planeten.

Entwickelt sich das Selbstwertgefühl, allein kraft deines Daseins kostbar zu sein, bist du nicht mehr darauf angewiesen, der Welt deinen Wert durch gesellschaftlich akzeptierte Aktivitäten unter Beweis zu stellen. Beruf, Status und Wohlstand ohne Bewusstheit blähen nur das stolze Ego auf. Echte Selbstliebe, Nächstenliebe und tiefe Wertschätzung für dein Dasein erhältst du nur durch die Entdeckung deiner wahren Natur.

Ich muss es schaffen

»Ich darf nicht rasten, denn wenn ich mich ausruhe und um mich kümmere, schaffe ich es nicht ans Ziel.« Auch dieses Denkmuster funktioniert hervorragend, und in unserem Leben begleitet uns dann das dumpfe Gefühl, es müsse immer mit Volldampf weitergehen.

Unsere kaum noch spürbaren Bedürfnisse nach gesunder Neuausrichtung bleiben nachrangig und häufig scheinen sie uns sogar im Weg zu stehen, das gesteckte Ziel zu erreichen.

Kennst du diese Momente, wo du die Schwäche deines Körpers und Geistes verfluchst, die sich nach Ruhe sehnen? Wünschst du dir nicht manchmal, du wärest widerstandsfähiger, hättest mehr Kraft und kämest mit weniger Schlaf aus, damit du mehr Zeit für deine wichtigen Vorhaben hast? Falls das so ist, befindest du noch im Griff des Ego, das dir vorschreibt, wo es lang geht. Du bist Gefangener eines ungesunden Verstandes und glaubst, was deine Gedanken über dich und deine Ziele sagen.

Neulich sah ich eine Joggerin, die ein T-Shirt trug mit der Aufschrift »Punish your machine!« Was glaubte die Frau, habe der Körper ihr angetan, dass er bestraft werden sollte? Dies ist nur ein kleines Beispiel für den verrückten Kampf, den ein großer Teil der Menschheit kämpft: den Kampf gegen sich selbst und das Leben.

Das Gedankenmuster »Ich muss es schaffen« gibt unserem Ego erhebliche Antrieb. Nun laufen wir auf ausgewählte Ziele los, die wir unserer Ansicht nach unbedingt erreichen müssen, um unser Lebensglück zu erhalten.

Da diese Ziele aber alle in der Zukunft liegen, ist es nicht vorhersehbar, ob sie jemals verwirklicht werden können. Trotz aller Planungen, Absicherungen und Vorsichtsmaßnahmen gesellt sich so zu dem Schaffenstrieb des Ego die Angst, zu scheitern. Dieses Hin- und Hergerissensein zwischen Hoffnung und Bangen erzeugt einen hohen inneren Druck.

Die gesellschaftliche Bedeutung, es schaffen zu müssen, spiegelt sich überall im täglichen Leben wider. Jeder kennt entsprechende Schlagzeilen aus der Zeitung oder Gespräche unter Freunden: »Die Meiers haben es geschafft.« Damit gemeint ist meist das Erreichen von materiellem Wohlstand und sozialem Ansehen. Selten hinterfragt wird der seelische Zustand derjenigen, die es »geschafft« haben. Haben sie Frieden und innere Fülle erhalten oder liegt jetzt nur ein Haufen Geld auf dem Bankkonto, begleitet von der Sorge um Betrug oder Verlust und der eigenen Inkompetenz, mit dem Geld etwas Sinnvolles anzufangen? Wie lange werden die »Erfolgreichen« mit dem »Geschafften« glücklich sein?

Handelt es sich bei dem Erwerb des Wohlstandes um das Ergebnis jahrelanger harter Arbeit und großen Kampfes, wird oft erst am Lebensende erkannt, dass wertvolle Lebenszeit verschwendet wurde. Trotz Reichtum und Ansehen ist das ehrliche Resümee ernüchternd. »Ich bin immer noch unzufrieden. Was habe ich jetzt eigentlich geschafft?« Die Antwort lautet: nichts von wahrer Bedeutung.

Der Glaubenssatz »Ich muss es schaffen« gehört bei Bürgern der Industrienationen fast schon wie ein Mantra zum Alltag. Über viele Kommunikationswege wird einem eingeredet, dass etwas zu leisten Ziel und Zweck des Lebens ist. Der wesentliche Aspekt des Daseins wird dabei jedoch übersehen. Das Leben erschafft sich auch als uns, und nun wollen wir ihm für die kurze Zeit, die wir hier sind, das Steuerruder aus der Hand reißen und es selbst schaffen. Dabei haben wir nicht einmal ein Quäntchen dazu beigetragen, dass wir überhaupt hier sein dürfen. Die kleine Welle will den ganzen Ozean lenken. Kann das funktionieren?

»Ich möchte etwas erschaffen« wird verwechselt mit »Ich muss es schaffen«. Der natürliche Impuls, sich als lebendiges Wesen auszudrücken, wird verdrängt durch den ungesunden Gedanken, nicht gut genug zu sein. In jedem von uns existiert die Sehnsucht, schöpferisch zu sein und sich auszuleben, denn das ist unsere Natur. Selbst wenn wir es uns oft kaum noch zutrauen, wollen wir erblühen, so wie ein Baum oder eine Blume es tun.

Wenn der Same eines Baumes in der Erde vergraben liegt und jemand legt einen dicken Stein darüber, ist das für den Keimling kein Problem. Er wächst um den Stein herum und wird trotzdem ein starker Baum, weil es sein schöpferischer Weg ist. Der Baum denkt nicht »Ich muss es schaffen«.

Wenn wir unsere Sorgen und Probleme als Herausforderungen betrachten, an denen wir wachsen können, schwindet unser Widerstand gegen das, was sich in der Gegenwart zeigt. Dann sind wir wie der Baum, für den es nichts zu schaffen gibt. Dann sind wir im Einklang mit dem Leben.

Etwas fehlt

Hast du das Gefühl, etwas fehlt jetzt, oder in der Zukunft müsste noch etwas Bestimmtes geschehen, damit du dich wieder besser und ganz fühlst? Oder glaubst du, früher war alles schöner und vermisst die alten Zeiten? Das Gefühl »Hier fehlt noch etwas« ist den meisten Menschen bekannt und wird für normal gehalten. Doch ist es keineswegs natürlich.

Dieser innere Mangel drückt sich auf vielfältige Weise in unseren täglichen Wünschen aus. Oft haben wir das Verlangen nach mehr. Das kann ein Mehr an Ansehen sein, an mehr Geld, materielle Dinge, mehr Sex oder das Bedürfnis, noch mehr als uns gut tut, zu essen.

In der Anhäufung von »mehr« sehen wir unbewusst ein Gegenmittel für unser Mangelgefühl. Wir glauben, dass zahlreiche Dinge aus dem Außen unser Loch im Inneren stopfen können, und manchmal scheint das auch zu funktionieren. Doch da alle Dinge oder Situationen wieder vergehen, können sie ihren Zweck nur vorübergehend und unzureichend erfüllen. Und wieder brennt die Leere in uns und wir schauen uns in der Welt um, nach einem neuen Allheilmittel für unser einsames Ich.

Die Welt bietet viele Möglichkeiten der Abwechslung und der materiellen Vielfalt, und so können wir unser ganzes Leben mit dem Versuch verbringen, unsere Sehnsucht nach innerer Fülle durch das Anhäufen von »mehr« im Außen zu stillen.

Hervorgerufen wird unser Mangelgefühl durch den Verlust des Gefühls der Einheit im frühen Kindesalter und der daraus resultierenden Konditionierung, im jetzigen Moment nicht bewusst leben zu können. Heute suchen wir immer noch nach Sicherheit und Geborgenheit, finden aber höchstens trügerische Abbilder, weil wir nicht an der richtigen Stelle nachschauen.

Die Fülle des Lebens und die Möglichkeit, sie voll zu spüren, befinden sich nur in der Gegenwart. Unsere Gedanken schwanken jedoch ständig zwischen Vergangenheit und Zukunft und deshalb sind wir nicht in der Lage, die Gegenwart klar zu erkennen. Vergangenheit und Zukunft sind geistige Vorstellungen, die zwar in der Gegenwart – also jetzt – auftauchen, aber keinen echten Gegenwartsbezug haben. Deshalb können sie kein befriedigendes Gefühl von präsenter, innerer Fülle liefern. Im Gegenteil, sie verschleiern unsere Gegenwärtigkeit.

Häufig hängen wir an und in unserer sogenannten Vergangenheit. Entweder halten wir sie für die Ursache unseres Leids oder wir glorifizieren sie und behaupten, früher habe es weniger Probleme gegeben als heute. Auf der anderen Seite unseres Denkens und Glaubens steht eine Zukunft, von der wir hoffen, sie bringe uns bald das sehnsüchtig erwünschte Glück. »Sobald ich meinen Urlaub angetreten, das Haus gebaut, meine Rente erreicht oder im Lotto gewonnen habe, werde ich erfüllt sein.«

Der Verstand verspricht uns eine goldene Zukunft, doch unbewusst fürchten wir auch, sie halte etwas bereit, das alle Pläne und Wünsche zerstört. Und das stimmt, denn der Tod des Körpers wird unweigerlich kommen. Dieser anstrengende Zustand zwischen Groll, Bangen und Hoffen ist den meisten Menschen trotzdem lieber als ein Leben in der Gegenwart, weil unser unbequemes Gedankengefängnis vertrauter und sicherer erscheint als ein bewusstes, aber vollkommen unbekanntes Dasein.

Obwohl sich unsere Gedanken hauptsächlich auf Vergangenheit und Zukunft beziehen, also auf etwas, das nicht existiert, erzeugen sie ein Gefühl von Realität. Scheinbar spannen sie einen festen Zeitablauf auf, in dem ein illusionäres Ich existieren kann.

Deshalb glauben wir unserem inneren Geschichtenerzähler. Wir lauschen auf seine leeren Versprechungen eines erfüllten Daseins in der Zukunft, oder wir denken an unsere Vergangenheit und wünschen uns, sie wäre anders verlaufen. Im Gegensatz dazu enthält die Gegenwart nichts, das unser falsches Selbstbild unterstützt. Sie benötigt keine Geschichten oder Pläne, und das verunsichert uns. Hier und jetzt scheint etwas zu fehlen, und weil wir diesen scheinbaren Mangel in der Zukunft (die es nicht gibt) beheben wollen, halten wir an unseren vertrauten gedanklichen Irrtümern fest, anstatt sie vorbeiziehen zu lassen und uns der tiefen und liebevollen Gegenwart zu öffnen.

Es reicht nicht für alle

Manchmal empfinden wir einen Mangel, weil wir die Fülle des Lebens noch nicht vollständig fühlen. Häufig gesellt sich diesem Zustand der Gedanke hinzu: »Mangel bedeutet, es ist nicht genug für alle da. Deshalb muss ich dafür sorgen, dass ich genug vom Kuchen abbekomme, zur Not auch auf Kosten anderer.«

Vielleicht kennst du Menschen in deinem Bekanntenkreis, die sich oft mit ausgefahrenen Ellenbogen vordrängen und sagen: »Jetzt bin ich erst mal an der Reihe.«

Innere Leere kann nicht nur traurig machen, sondern auch angriffs- und kampfbereit. Nach außen wirkt jemand mit diesen Eigenschaften vielleicht selbstbewusst und zielstrebig, doch gleichzeitig hat er im Inneren das Gefühl, einsam und machtlos zu sein und im Leben auf der Strecke zu bleiben.

Diese Angst stammt aus der Kindheit, wo wir glaubten, mit unserem wahren Wesen nicht gesehen zu werden und so, wie wir waren, nicht auszureichen. Wir wollten mehr. Solltest du deine wahre Quelle noch nicht wiederentdeckt haben, glaubst du vielleicht auch, andere seien für deine anstrengende

Lebenssituation verantwortlich und könnten dir etwas wegnehmen.

Aus der verzerrten Geisteshaltung, das Leben könne Mangel erschaffen, entstehen Angst, Egoismus, Fremdenfeindlichkeit und Aggression. Es entwickelt sich eine Ellenbogenmentalität, in der sich jeder der Nächste ist.

Erinnere dich wieder daran, dass man dir nichts wegnehmen kann. Dein Körper wird so oder so zerfallen, aber die unsterbliche Fülle des Lebens trägst du in dir. Mehr noch, du bist sie selbst.

Außergewöhnlich

Du nimmst die Schönheit des Lebens jetzt mit deinen Sinnen wahr. Wie könnte dir eine Zukunft etwas Besseres bieten?

Falls du später in einer großen Villa wohntest, könntest du sie wieder nur mit deinen Sinnen im gegenwärtigen Moment wahrnehmen. Vielleicht hättest du in deinem zukünftigen Luxuspool ein anderes Gefühl auf der Haut oder einen anderen optischen Eindruck durch die teure Tapete im Wohnzimmer. Für kurze Zeit fühltest du dich in deinem Wohnpalast womöglich etwas erhabener.

Mit deinen Zukunftsplänen willst du erreichen, dass sich deine Sinneswahrnehmungen ändern. Dafür ist die Zukunft aber nicht geeignet, weil sie nur als gedankliches Konzept in deinem Kopf existiert. Das einzige Angebot für deine Sinne erhältst du ausschließlich hier und jetzt.

Falls du bereits ein Dach über dem Kopf hast, macht es für dein wahres Selbst keinen Unterschied, ob du in einer Villa wohnst oder in einem kleinen Apartment. Die gesuchte Fülle des Lebens befindet sich in dir und bemisst sich nicht an der Größe deiner Behausung. Wenn du den Wunsch nach mehr Raum und Eindrücken hast, gehe nach draußen in die Natur und schaue dir die Bäume und den Himmel an. Wären die Bäume schöner, wenn sie dir gehörten? Weil du schon eins mit allem bist, kannst du kein individuelles Eigentum erwerben.

Was sich zunächst negativ anhört, ist in Wahrheit eine befreiende Erkenntnis. Weil einem Ich nichts gehören kann, brauchst du an nichts festzuhalten und dich um nichts zu sorgen. Du kannst alles, was sich dir bietet, ohne Angst vor Verlust genießen. Schaue dir die bunte Welt an, freue dich, dass sie sich selbst gehört und trotzdem für dich da ist. Das ist das Beste, was du je haben kannst.

Suchst du das Außergewöhnliche im Leben? Sieh dir einen Grashalm an, das Blatt eines Baumes, eine Blume oder den Falken, der am Himmel seine Kreise zieht. Kannst du diese Wunder erklären? Erkennst du ihre wahre Essenz? Das, was du suchst, liegt bereits vor deinen Füßen. Das Gewöhnliche ist das Außergewöhnliche und sie unterscheiden sich in nichts. Dies ist das Geheimnis zu deinem Glück.

Positives Denken

Hast du irgendwo in deiner Wohnung kleine Zettel kleben, auf denen eine Aussage über dich steht, vielleicht etwas wie: »Ich bin selbstbewusst, attraktiv und habe keine Angst.« Liest du dir diesen Satz gelegentlich laut vor? Diese Technik der Selbstsuggestion nennt man »positives Denken«.

Vielleicht glaubst du, dass neue Gedanken, dich oder eine bestimmte Situation zum Besseren hin verändern können. Doch das sogenannte positive Denken kann dich in einen noch größeren Zwiespalt bringen, als du ihn bereits empfindest, denn dadurch verstärkst du die Konzentration auf das Denken noch weiter, anstatt in Richtung geistiger Ruhe zu streben. Die Gegenwart durch andere Gedanken zu verbessern, ist unmöglich. Verdränge keine Gedanken, die dir nicht gefallen, und versuche nicht, sie zwanghaft durch andere zu ersetzen. Der Gedanke: »Das will ich nicht mehr denken« erzeugt keinen inneren Frieden, sondern Widerstand gegen das, was ist – und noch mehr Gedanken.

Entwickle eine offene Haltung deinem Innenleben gegenüber, akzeptiere, was erscheint, und verurteile es nicht. Glaube nicht alles, was du denkst, und überflüssige Gedanken werden sich auflösen.

Innere Stille, Gelassenheit und Selbstsicherheit können erscheinen. Das ist die Essenz, die jenseits deiner Gedanken und Gefühle liegt.

Alte Glaubensmuster

Unter den unbewusst ablaufenden Glaubensmustern gibt es einige, die uns das Leben besonders schwer machen. Durch sie zweifeln wir ständig an uns und deshalb ist es hilfreich, sie jetzt mit Bewusstheit zu beleuchten.

Als wirksames Gegenmittel folgt eine Betrachtungsweise, die nicht in der Übernahme neuer Gedankenmuster liegt, sondern im einfachen Benennen und Erkennen deiner wahren Natur.

Glaubensmuster: Ich werde nicht geliebt.
Gegenmittel: Ich bin hier und lebe, weil das Leben, dessen Ausdruck ich bin, mich so liebt, dass es sich durch mich erfahren will.

Glaubensmuster: Ich bin nicht erwünscht.
Gegenmittel: Ich bin hier und lebe, weil das Leben, dessen Ausdruck ich bin, mich erwünscht hat.

Glaubensmuster: Ich bin nicht wertvoll.
Gegenmittel: Ich bin hier und lebe, weil das Leben, dessen Ausdruck ich bin, es als wertvoll erachtet hat, sich auch als mich zu erschaffen.

Glaubensmuster: Ich muss es schaffen.
Gegenmittel: Ich bin hier und lebe, weil das Leben, dessen Ausdruck ich bin, sich auch als mich erschaffen hat. Mehr gibt es nicht zu schaffen.

Glaubensmuster: Ich bin unwichtig.
Gegenmittel: Ich bin hier und lebe, weil das Leben, dessen Ausdruck ich bin, es als wichtig erachtet hat, sich auch als mich zu erschaffen.

Glaubensmuster: Ich bin schuldig und sündig.
Gegenmittel: Ich bin hier und lebe, weil das Leben, dessen Ausdruck ich bin, mich in voller Verantwortung als reinen Anteil erschaffen hat. Das Leben erschafft alles, beurteilt nicht und kennt weder Schuld noch Sünde.

Glaubensmuster: Ich werde nicht gesehen.
Gegenmittel: Ich bin hier und lebe, weil das Leben, dessen Ausdruck ich bin, sich als mich gesehen und erschaffen hat.

Du wirst bemerken, dass als Gegenmittel für die verschiedenen Glaubensmuster eine klar erkennbare Wahrheit wirkt. Du wurdest erschaffen als Teil des Lebens, denn du bist hier und lebendig. Das ist der unmittelbare Beweis für die Bedeutung und den Wert deiner Existenz. Das Leben liebt sich und damit dich, weil ihr eins seid. Es hat dich erwünscht und dein Dasein bewirkt. Dieser Tatsache kannst du weder Wert hinzufügen noch nehmen.

Vielleicht entdeckst du weitere Gedanken, die dein Leben negativ beeinflussen. Nun kannst du entsprechend dieser Auflistung das einzig dauerhaft heilsame Mittel finden – die Wahrheit deiner vollständigen und heilen Natur.

Gedanken kommen und gehen, das ist so in uns angelegt. Egal was sie sagen, wie wahr oder wichtig sie erscheinen: Bewerte sie nicht, kommentiere sie nicht und nimm sie nicht so ernst. Du bist nicht sie.

Im Ruderboot

Du sitzt in einem Ruderboot und überquerst gedankenversunken einen Fluss. Plötzlich gibt es einen heftigen Ruck am Bootskörper. Du schreckst auf und bemerkst ein anderes Boot, das dich soeben gerammt hat. Doch es ist leer, niemand sitzt darin. Wie reagierst du auf diesen Zwischenfall? Fühle dich in die Situation hinein und lies dann weiter.

Wahrscheinlich bist du etwas irritiert und fragst dich, wo das leere Boot herkommt. Nichts Schlimmes ist passiert und daher setzt du den Weg auf dem Fluss entspannt fort. Etwas später befindest du dich auf einem anderen Fluss. Wieder wirst du angestoßen, aber dieses Mal sitzt jemand im Boot. Wie reagierst du jetzt? Spüre wieder in dich hinein und sei ehrlich.

Womöglich fragst du die Person etwas empört: »Können Sie nicht aufpassen? Sie haben doch gesehen, dass ich hier bin.« Diese Reaktion unterscheidet sich deutlich von der Situation mit dem leeren Boot, denn sie ist eine typische Verhaltensweise des Ego.

Ist an einer überraschenden oder vermeintlich bedrohlichen Situation ein anderer Mensch beteiligt, entwickelt sich schnell der Impuls, ihn verbal anzugreifen. Sobald sich die Möglichkeit dazu ergibt, projiziert das Ego die Verantwortung für ein Geschehen auf den Nächsten. Sie oder er trägt angeblich die Schuld für das Missgeschick. Befindet sich kein Mensch in der Nähe, akzeptiert man die gegebene Situation leichter und nimmt sie vielleicht mit einem Achselzucken hin.

Das Ego weiß nicht, was die wahre Ursache für den Zusammenstoß der Boote war. Es kommt zu keinem gerechten Urteil, weil es dazu nicht in der Lage ist. Hauptsächlich ist es damit beschäftigt, sein Gefühl der Unsicherheit durch einen festen Standpunkt zu kaschieren. Deshalb ist es uns in herausfordernden Situationen häufig unmöglich, achtsam, freundlich und gerecht zu sein oder zu sagen »Es tut mir leid.« Hier hätten wir fragen können, ob es dem anderen gut geht und ob sie oder er Hilfe braucht. Aber das Ego ist selten auf Kooperation aus. Meist sucht es die Konfrontation, denn so kann es sich besser fühlen und seine Identität stärken, indem es sagt: »Ich habe Recht.«

Durch die kleine Reise im Boot konntest du spüren, wie sehr das Ego auf Angriff und Verteidigung ausgerichtet ist. Sei in allen Situationen achtsam, wo du ärgerlich wirst und dein Gegenüber angreifen willst.

Schädige deinen Geist nicht durch unnötige Atta-
cken und die damit verbundene Wut.

Das Leben ist wie ein leeres Boot, das dir entgegen kommt. Du hast jederzeit die Möglichkeit,
bewusst und gelassen zu reagieren. Nicht anzugreifen
ist gesund für dich und die Welt.

Vor Gericht

Üblicherweise wird Verteidigung als etwas Gerechtfertigtes angesehen, während Angriff einen negativen Beigeschmack hat. Trotz dieser Unterscheidung bedeutet Verteidigung, egal in welcher Form, das Gleiche wie Angriff. Diese Tatsache ist uns jedoch nur selten bewusst und deshalb kann ein schädlicher Mechanismus in uns ablaufen, ohne erkannt zu werden.

Ein junger Mann wollte keinen Wehrdienst leisten und sollte sich vor Gericht der Überprüfung seines Gewissens unterziehen. Der Richter schilderte dem Mann eine erdachte Situation: »Stellen sie sich vor, ihre Familie wird durch bewaffnete Personen bedroht. Was würden sie tun, wenn sie ebenfalls eine Waffe zur Verfügung hätten?«

Der junge Mann hatte bereits einen gewissen Bewusstheitsgrad erreicht und antwortete: »Hier wird eine Situation angenommen, die nicht ist. Meiner Familie wird kein Leid zugefügt. Ich stehe hier im Gerichtssaal, draußen scheint die Sonne und meiner Familie geht es gut.« Der Richter entgegnete: »Ja, aber stellen sie sich vor, die Situation wäre so und sie müssten ihre Familie verteidigen.«

Der junge Mann erwiderte: »Nein, durch solche Gedanken entstehen erst die Konflikte. Der Gedanke »Ich muss mich verteidigen« ist der erste aggressive Akt, da er pauschal unterstellt, dass die Umwelt mir etwas antun will. Die vermeintlichen Gegner werden bezichtigt, Taten zu vollbringen, die zum gegenwärtigen Zeitpunkt noch nicht einmal begangen worden sind. Gegen illusionäre Taten soll bereits im Vorfeld eine Verteidigung erfolgen.

Diese geistige Haltung ist in höchstem Maße aggressiv. Das menschliche Ego will nicht davon ablassen, andere anzugreifen, weil es selbst dauernd Angst davor hat, angegriffen zu werden. So bekämpft das Gedankenmuster der einen Seite das der anderen.

Doch wir brauchen keine Angst vor Angriffen zu haben, weil wir nicht unsere Gedanken sind. Und das, was wir wirklich sind, kann nicht bedroht werden. Wir sind vollkommen sicher und geliebt. So können wir unseren scheinbaren Gegnern oder Feinden jederzeit begegnen, in dem Erkennen, dass sie in ihrer Essenz dasselbe sind wie wir. Das ist bedingungslose Liebe. Sie weiß weder von Verteidigung noch Angriff.

Diese erdachte Situation mit meiner Familie ist ein gutes Beispiel für unbewusstes, kollektives Dasein und deshalb nur entstehen Kriege.«

Hätte jeder Mensch diese Bewusstheit, würden die Waffen schweigen.

Volltreffer

Streitest du dich mit einer Person und sie macht einen Kommentar, der dich trifft, kannst du das körperlich spüren.

Vielleicht wirst du ärgerlich und hast das Gefühl, aus dem Gleichgewicht zu geraten. Du fühlst dich getroffen, zu Unrecht angegriffen, und hast den Impuls, dich sofort zu wehren. Deine Denkmuster müssen verteidigt werden, denn deiner Ansicht nach stimmen die Gedanken des anderen nicht.

Beleuchtest du diese Situation mit mehr Bewusstheit, entdeckst du den Fehler in deinem Urteil, denn du kannst dich nur dann von einer Bemerkung getroffen fühlen, wenn du eine Trefferfläche für sie hast. Das bedeutet, etwas in dir geht in Resonanz mit der Aussage des anderen. Wenn dir im Gegensatz dazu im Gespräch eine echte Unwahrheit begegnen würde, hätte das auf dein Gefühlsleben keine Auswirkung.

Angenommen, dein Gegenüber sagt zu dir: »Du bist der nachtragendste Mensch, den ich kenne.« Bist du aber ein zufriedener Mensch, der Konflikte schnell vergisst, wird dich diese Aussage höchstens irritieren oder sogar belustigen. Die Feststellung oder Provokation deines Gesprächspartners trifft auf dich nicht zu, und wahrscheinlich denkst du nur: »Was redet sie oder er für ein seltsames Zeug?«

Sollte die Aussage deines Gegenübers jedoch stimmen, und dir ist das nicht bewusst, sieht deine Reaktion anders aus. Die Kritik von außen trifft nun auf deine unbewusste Identifikation, ein nachtragender Mensch zu sein. Dein illusionäres Ich reagiert darauf mit Abwehr und Angst, weil es sich souveräner sehen will und sich durch die Kritik reduziert fühlt.

Identifizierst du dich darüber hinaus mit anderen Aspekten deines Ego, von denen es sehr viele gibt, erschaffst du damit etliche Resonanzflächen, die du zwanghaft verteidigen musst. Und da dir diese inneren Abläufe nicht bewusst sind, entstehen ebenso viele Situationen in deinem Leben, in denen du dich angegriffen fühlst.

Das Ego ist nur dann nicht auf Angriff oder Verteidigung aus, wenn es absehen kann, dass es in einer Situation den Kürzeren zieht. Nun bedient es sich einer anderen Strategie und gibt anscheinend nach. Wenn uns in einer Diskussion eine Aussage trifft und wir ahnen, dass sie stimmt, wollen wir das meist nicht zugeben. Schnell haben wir keine Lust mehr auf dieses Gespräch, weil dort unsere vermeintlichen

Schwächen zutage treten könnten. Daher kürzen wir es ab, indem wir unserem Diskussionspartner eilig zustimmen. So gehen wir der Gefahr weiterer unangenehmer Kritik und dem damit verbundenen Gefühl der Minderwertigkeit aus dem Weg.

Gleichzeitig flüstert es in uns jedoch: »Lass sie ruhig reden. Ich weiß trotzdem, dass ich recht habe.« Hinter dieser scheinbaren Einsicht verbirgt sich die Arroganz unseres Verstandes. Wir geben nach und fühlen uns dadurch überlegen. Durch diese Art des Denkens und Handelns stärken wir unser Ego weiter. Sobald du aber erkennst, dass du nicht deine Gedanken bist, hören die Konflikte und deine Angst vor Angriffen auf.

Lerne dich besser kennen und erforsche, wo es in deinem Gedankengut und im Bereich deiner Emotionen noch etwas zu integrieren gibt. Sei in Situationen achtsam, in denen du dich beleidigt, verletzt oder betroffen fühlst. In all diesen Fällen hast du eine entsprechende Resonanzfläche, das heißt, unbewusst glaubst du daran, dass du die von deinem Diskussionspartner genannten Schwächen besitzt.

Keine Person kann dich verärgern, indem sie etwas sagt, das *nicht* auf dich zutrifft. Sie kann bei dir nur die passenden Knöpfe drücken. Gehst du dieser Person aus dem Weg, taucht bald eine andere mit derselben Funktion auf.

Unangenehme Situationen verschwinden erst dann aus deinem Leben, wenn deine entsprechenden Reaktionsmuster erkannt, akzeptiert und integriert sind. Herausforderungen im Leben geschehen nicht, damit du unglücklicher wirst, sondern bewusster.

Sage in einer Situation, wo dich erneut ein Vorwurf trifft: »Ja, es kann sein, dass ich diese Eigenschaft habe. Und jetzt, wo ich sie erkannt habe, ändert sie sich vielleicht.« Mit dieser Haltung akzeptierst du dich und die Meinung der Gesprächspartner. Dann ist der Streit der Egos beendet.

Im Kollektiv

Eine Gruppe von Philosophieprofessoren hält ihr regelmäßiges Treffen ab. Einer der Professoren berichtet: »Letzte Nacht kam Gott zu mir und bot mir an, ich könne zwischen allumfassendem Wissen und grenzenloser Freude wählen. Ich habe selbstverständlich die Gelegenheit wahrgenommen und das allumfassende Wissen gewählt.« Die anderen Professoren sind gespannt: »Sag uns, was dieses allumfassende Wissen ist.« Der Professor antwortet: »Es war die falsche Wahl.«

Als wir klein waren und mit unseren Eltern am Abendbrottisch saßen, wurden dort wahrscheinlich verschiedene Themen des Lebens besprochen. Es wurde diskutiert und vielleicht auch gestritten.

Von Kindesbeinen an haben wir Meinungen und Werturteile unserer Umwelt aufgenommen. Einige davon haben wir abgelehnt, andere haben wir als gegeben und wahr akzeptiert. Durch häufige Wiederholung und Bestätigung einer Meinung durch Elternhaus, Schule und Freundeskreis glauben wir: »Wenn alle das sagen, muss es stimmen. Und in einem schlauen Buch oder einer Zeitung habe ich es ja auch gelesen.«

Sicher kennst du den Ausspruch »Ohne Fleiß keinen Preis.« Es stimmt, dass Planungen und Aktionen für die Erreichung eines Ziels erforderlich sind. Das ist in Ordnung, wenn mit Fleiß Begeisterung, Spaß an der Sache und die Überzeugung eines sinnvollen Handelns verbunden sind. Aber oft wird in unserer Gesellschaft darunter übermäßige Anstrengung verstanden, die keine Freude machen darf.

»Bereitet das, was du tust, keine Anstrengung, ist es nichts wert. Erst die Arbeit und dann das Vergnügen.« Auch hier wird einem eingeredet, dass Arbeit nichts mit Freude zu tun haben darf. Diese weitverbreiteten Ansichten haben wir viele Jahre in verschiedenen Varianten gehört, schließlich als wahr akzeptiert und jetzt verbreiten wir sie weiter.

Auf gleiche Weise übernehmen wir viele moralische und gesellschaftliche Werte, ohne sie zu überprüfen. Mittlerweile bilden sie einen Teil unseres Selbstbildes und darum fällt es uns schwer, von ihnen abzulassen. Unser Verstand braucht diese Meinungen, damit er in jeder erdenklichen Situation eine Position beziehen kann. Das ist wichtig für unser Selbstgefühl, weil wir uns ohne einen Standpunkt unsicher fühlen.

Unser illusionäres Ich dominiert unser Selbstgefühl und besteht nur aus Gedanken und Emotionen.

Werden sie reduziert, fühlt sich das Ego reduziert. Deshalb will es immer einen genügenden Vorrat an Gedanken, am besten gesellschaftlich anerkannte, parat haben. Auf diese Weise gehört man zur Gesellschaft dazu und wird bei gleichem Gedankengut nicht von ihr angegriffen.

Frei nach dem Motto: »Fresst mehr Mist, Millionen Fliegen irren sich nicht«, identifizieren wir uns aber nicht nur mit unserem eigenen Gedankengut, sondern auch mit dem einer größeren Gruppe. Wir haben unser Glaubens- und Wissenssystem an das Kollektiv angeglichen, um ein Gefühl von größerer Sicherheit zu bekommen. Hierdurch entstehen gemeinschaftliche Verhaltensweisen, die noch verrückter sind als jene unseres persönlichen Ich.

Falls du Mitglied eines Vereins, Fanklubs oder einer politischen Gruppierung bist, hast du wahrscheinlich schon erlebt, welche Dynamik dort wirken kann. Vielleicht hast du dich im Rahmen deiner vertrauten Gruppe zu etwas hinreißen lassen, was du allein nicht tätest.

Das Kollektiv hat eigene Maßstäbe und Wertvorstellungen, und deine Aufgabe als Mitglied ist es, diese zu erfüllen. Solltest du dich weigern, wie die Mitglieder dieser Gruppe zu sein, gerätst du schnell in Konflikte oder musst die Gruppe verlassen. Aber weil du dich in der Gemeinschaft stärker und nicht so angreifbar fühlst, willst du mindestens ein gleichwertiges Element bleiben und akzeptierst den herrschenden Gruppenzwang.

Vielleicht nimmst du in einer organisierten Gruppe an Demonstrationen für oder gegen eine Sache teil und rufst auf der Straße Parolen. Und ist die kollektive Egowelle erst einmal richtig losgerollt, gibt es kein Halten mehr. Häufig werden andere Gruppierungen verbal oder sogar körperlich angegriffen und der Aggressionspegel steigt an.

Manchmal lässt du im Rahmen der Gruppe dem Ärger über deine vermeintliche Machtlosigkeit freien Lauf und glaubst dabei, im Recht zu sein. Woher deine ursprüngliche Frustration stammt, weißt du nicht. Du merkst bloß, dass du wütend bist und richtest diese Wut gegen das, was sich dir gerade in den Weg stellt.

Zurück in deiner Wohnung kann es in einer stillen Minute passieren, dass du dich fragst: »Was habe ich da eigentlich mitgemacht und wozu?« Vielleicht bist du beunruhigt, aber schnell redet dir dein Ego wieder ein, dass alles in bester Ordnung ist.

Ein weiterer kollektiver Zwang ist der häufig anzutreffende Glaube an den Inhalt der Tagespresse. Es werden Geschichten publiziert, die auch kritische und intellektuelle Geister ansprechen.

Persönliche Schicksale werden ins Rampenlicht gerückt, und mit einem Bruchteil an Informationen erlauben wir uns ein Urteil über die im Artikel genannten Personen. »Hat sie oder hat sie nicht …?« Wir wissen nichts, haben aber zu fast allen Themen eine Meinung. Unsere Ansichten werden stark durch soziale Einflüsse beeinflusst. Wir haben uns dem kollektiven Denken der Masse angeschlossen, weil wir es uns aus Statusgründen nicht erlauben können, keine Meinung zu haben.

Sowohl dem kollektiven als auch dem individuellen Ich geht es oft um die Verteidigung von Wissen, das wir uns durch Studium, Literatur, in Diskussionen oder durch das Fernsehen angeeignet haben. Unter Ausschaltung unseres inneren Wegweisers verteidigen wir einen diffusen Nebel an Vorstellungen, weil wir uns über diese Wissenswolke definieren. Seltsam nur, dass sich die vehemente Vertretung einer Ansicht meist angespannt oder anstrengend anfühlt. Einen festen Standpunkt haben zu müssen, verunsichert. Dein Ego behauptet allerdings das Gegenteil.

Vor einiger Zeit sagte jemand zu mir sehr überzeugt: »Man muss wissen, was in der Politiklandschaft und der Welt los ist. Es gehört dazu, jeden Tag die Zeitung oder wenigstens einige hochwertige Artikel im Internet zu lesen.«

Auf meine Frage, wozu er dieses Wissen brauche, also was der Sinn hinter diesem Ansammeln von Informationen sei, kam ein irritierter Blick. Dann folgte die etwas unsicher klingende Aussage: »Man muss ja mitreden können.«

Das ist die Haltung des Ego und sie entspringt der kollektiven Überzeugung »Wissen ist Macht.« Wahrhaftig übersetzt würde die Antwort meines Gesprächspartners lauten: »Ich habe keine Ahnung, wozu ich dieses Wissen brauche. Das darf ich aber nicht zugeben, denn ohne mein Wissen weiß ich nicht mehr, wer ich bin. Außerdem will ich mein Ansehen in der Gesellschaft behalten.« Natürlich würde ein vollständig mit dem Ego identifizierter Mensch das nicht sagen können.

Lasse vorgefertigte und kollektive Meinungen fallen und vertraue nicht allein auf dein erworbenes Wissen, sondern mehr auf die unermesslich große Intelligenz der gedankenlosen Stille. Die hilfreichen Antworten werden kommen und in dir erscheint das verlässliche

Fundament: das Vertrauen in dein gegenwärtiges Sein und die Erkenntnis, dass es nicht angegriffen werden kann.

Rechthaberei

Im Erwachsenenalter sind die Inhalte des Denkens zu komplizierten Gebilden geworden, an die wir uns unverrückbar halten. Doch die scheinbar vorhandene Festigkeit und Sicherheit ist trügerisch, da nicht alle Menschen für die gleichen Sachverhalte dieselben Ideen und gedanklichen Vorstellungen haben wie wir.

Die unterschiedlichen Betrachtungsweisen führen im Leben unweigerlich zu Schwierigkeiten, denn unsere Konzepte, unsere Gedankenformen, stehen Gedanken anderer Menschen gegenüber. Das eigentliche Problem ist aber nicht, dass es verschiedene Meinungen gibt, sondern die vollständige Identifikation mit ihnen.

»Ich bin die Summe dessen, was ich gelernt habe und weiß.« Stellt jemand unsere Zeugnisse und unser Wissen infrage, greift er damit unsere eingebildete Identität an. Hierdurch entsteht das Angst auslösende Gefühl, ausgelöscht zu werden.

Vielleicht erinnerst du dich an eine Situation, wo es um eine Kleinigkeit ging, zum Beispiel um den exakten Ablauf eines Geschehens aus der Vergangenheit. Wie aus heiterem Himmel entbrannte aus diesem nichtigen Anlass heraus ein Streit, in dem du und dein Gegenüber sich angriffen. Und dann ging es plötzlich nicht mehr um das ursprüngliche Thema, sondern der andere sollte verbal klein gemacht werden und man wollte sich ihm gegenüber ins Recht setzen.

In einem Streit wird das Ego beider Parteien von unbewusster Todesangst angetrieben. Die Identifikation mit einer gedanklichen Vorstellung darf aus der Sicht des Ego nicht verändert werden, denn das bedeutet mindestens ein schmerzhaftes Teilsterben. Deshalb wehrt es andere Meinungen wie in einem Kampf auf Leben und Tod ab und will unbedingt die Oberhand behalten.

Das Leben verändert sich und immer wieder gibt es neue Herausforderungen, die eine flexible Reaktion von uns erfordern. Das Ego hingegen ist nicht sehr anpassungsfähig, denn aus Angst vor der eigenen Auslöschung möchte es alles so bewahren, wie es ist. Das ist der Grund, warum voneinander verschiedene Gedankenformen schon so viel Unglück in die Welt gebracht haben.

Was ist mit dir? Willst du auf deinem Recht beharren oder in Frieden sein?

Keine Ahnung

Beobachte dich in einer Diskussion, wo du eine bestimmte Position vor der Gruppe vertreten willst. Wie geht es dir im Inneren? Ist da ein Gefühl von Weite und Gelassenheit oder eher eines von Anspannung und Enge?

Das Ego ist gezwungen, eine Meinung zu haben, da es hauptsächlich aus gedanklichen Formen besteht. Beim Äußern der Meinung wird jedoch gleichzeitig mit einem verbalen Gegenangriff gerechnet, was sofort Anspannung erzeugt. Während du etwas in der Gruppe sagst, hoffst du deshalb darauf, dass deine gedankliche Position angenommen und bestätigt wird. Wahrscheinlich war dir dieser Vorgang bisher nicht bewusst.

Sei achtsam. Fragt dich jemand nach deiner Meinung zu einem Thema und du hast davon keine Ahnung, bleibe gelassen und sage ehrlich: »Ich kann das nicht beurteilen.« Obwohl sich das für unser Ego wie eine Verkleinerung und Niederlage anfühlt, ist es ein Weg zu deiner Befreiung.

Du kannst nichts beurteilen, weil du als menschliches Wesen immer nur Teilinformationen zur Verfügung hast. Deshalb wirst du nicht sterben, wenn du sagst:

»Ich weiß es nicht.« Im Gegenteil, du befreist dich von einer großen Last, weil du deine Wahrheit sagst.

Womöglich erklärt in deiner Diskussionsrunde ein Beteiligter plötzlich, dass er sich bei näherer Betrachtung der Lage auch kein Urteil erlauben könne. Woher kommt dieser Sinneswandel? Die Erklärung ist einfach. Verhältst du dich in einer Situation wahrhaftig, löst sie sich wahrheitsgemäß auf. Das bedeutet allerdings nicht, dass sich alles automatisch zu deiner Zufriedenheit arrangiert. Authentisches Verhalten erzeugt jedoch häufig wahrhaftige und klare Reaktionen im Außen. Und die erzeugen eine wesentlich bessere Kommunikationsgrundlage als Meinungen, die durch Gruppenzwang entstehen und der Angst des einzelnen Ich, nicht anerkannt zu werden.

In vielen Situationen darfst du dir erlauben, nichts zu wissen. Durch diese Ehrlichkeit gewährst du auch deinen Mitmenschen die Freiheit, offen und authentisch zu agieren. Dadurch wird der Umgang mit ihnen wesentlich leichter.

In unserer Kindheit haben wir jedoch erfahren, dass unser natürlich angelegter Wesenskern »Wahrhaftigkeit« oft nicht gesehen und manchmal sogar abgelehnt wird. Wahrhaftig zu sein entspricht somit dem Gegenteil unserer derzeitigen Konditionierung und deshalb haben wir häufig noch nicht den Mut dazu.

Es ist von großem Vorteil, nichts zu beurteilen. Erinnere dich: Auf der Oberfläche des Daseins siehst du nur Fragmente des Ganzen und nie das Ganze selbst. Tief im Inneren kannst du fühlen, dass diese Worte wahr sind und dich befreien können.

Was ist gut, was ist schlecht, was sinnvoll, was sinnlos? Du weißt es nicht. Beurteile und verurteile nicht, denn damit wendest du dich gegen das gegenwärtige Leben, gegen dich selbst. Durch Urteile verabreichst du dir Enge und Schmerz. Dein Ego sieht das anders. Glaube ihm nicht, sondern fühle den weiten Frieden, der durch Urteilslosigkeit entsteht.

Der Sinn des Lebens

Du bist gut und wertvoll, weil du existierst.

Andere Stimmen dürfen still sein.

Dein Sein macht den Wert aus, nicht dein Tun.

Du bist hier, weil du hier sein sollst.

Das Leben braucht dich, sonst hätte es dich nicht erschaffen.

Du brauchst dich nicht anzustrengen. Das Leben strengt sich nicht an. Es lebt leicht und für eine gute Weile auch als »Du«.

Lerne, die Leichtigkeit des Seins zu ertragen. Mehr noch, akzeptiere, wertschätze und liebe sie.

Liebe das, was du bist und freue dich, dass du hier bist und am bunten Leben teilhaben darfst. Egal in welcher Funktion.

Liebe das, was ist, denn es ist das Einzige, was ist.

Das ist der Sinn des Lebens.

UNRUHE

Du stehst im Supermarkt in einer Schlange vor der Kasse. Die Personen vor dir haben ihre Einkaufswagen vollgepackt, aber du hast nur drei Teile in der Hand. Es stockt, niemand lässt dich vor und die Kassiererin sortiert hektisch neues Kleingeld in die Kasse ein. Dein Vordermann hat etwas vergessen und läuft los, um es noch zu holen.

Du bemerkst, wie sich plötzlich etwas in deinem Bauch zusammenzieht und deine Finger beginnen, unruhig auf der Milchpackung zu trommeln. Ungeduld.

Hinter diesem Zustand der nervösen und mit Verärgerung vermischten Angespanntheit verbirgt sich die unbewusste Angst, in dieser Situation gefangen zu sein und nicht schnell genug aus ihr herauszukommen.

Und das Warten stört dich auch, weil in deinem Kopf Geschichten über Dinge ablaufen, die du angeblich viel dringender erledigen müsstest. Überhaupt scheint alles andere wesentlich wichtiger zu sein als der jetzige Moment. Aber stimmt das? Vielleicht entwickelt sich in der Schlange ein Gespräch zwischen dir und einem anderen Wartenden. Du könntest in diesen scheinbar nutzlosen Minuten eine hilfreiche Information erhalten, die eine neue Idee für dein Privat- oder Berufsleben entstehen lässt. Oder jemand aus der Schlange schenkt dir einfach nur ein freundliches Lächeln. Und falls das nicht geschieht, kannst du dir immer noch in Ruhe die bunte Vielfalt des Lebens anschauen.

Ungeduld hat nichts mit dem zu tun, was gerade stattfindet. Eine Kluft zwischen der derzeitigen Situation und deinem gegensätzlich erscheinenden inneren Geschehen erzeugt deine Anspannung, von der du glaubst, dass sie gerechtfertigt ist. Doch dahinter stehen nur gedankliche Geschichten deines Ego samt passender Körperreaktionen, die dich aus der Gegenwart heraus in eine andere Zeit und an einen anderen Ort ziehen wollen. Das ist aber nicht möglich, weil es nur die Gegenwart gibt – hier und jetzt.

Abwarten

Höre auf, ungeduldig zu sein oder zu warten. Ersetze das Wort »Warten« dauerhaft durch »Abwarten«. Anstatt ungeduldig zu sagen »Ich warte«, sei gelassen und sage nun: »Ich *warte ab*.« Spüre, welche Entspannung diese Haltungsänderung bewirkt. Sei ganz da, wo du bist, und warte ab oder tue, was du jetzt tun kannst. Akzeptiere den gegenwärtigen Moment.

Und ganz abgesehen von dem potenziellen Nutzen, in einem Supermarkt in einer Schlange zu stehen: Könntest du jemals woanders sein als hier und jetzt?

Der zerkratzte Schuh

Kennst du Situationen, wo du plötzlich aus der Haut fahren könntest? Jemand sagt etwas zu dir, das dir nicht gefällt, oder du befindest dich in einer Situation, wo dir etwas nicht gelingt. Du fühlst, wie Hitze von deinem Bauch in den Kopf steigt und dich überwältigt.

Du bist wütend geworden. Das ist ein sehr unangenehmes Gefühl, aber trotzdem hast du keine Kontrolle darüber, wann es auftaucht und wann nicht. So ergeht es auch der Person aus folgendem Beispiel.

Eine Frau befindet sich in einem Schuhgeschäft und möchte einen Schuh reklamieren, den sie gekauft hatte. Die Kundin spricht die Verkäuferin gereizt an: »Sie haben mir gestern diesen Schuh verkauft. Haben Sie nicht gesehen, dass der Absatz schon zerkratzt ist?« Die Verkäuferin verteidigt sich: »Wieso werfen Sie mir das vor? Ich habe den Kratzer nicht verursacht, und sie hätten vor dem Kauf nachschauen können, ob der Schuh in Ordnung ist.« Die Frau wird wütend: »Wie können Sie so etwas sagen? Sie haben mir diesen Schuh verkauft. Und jetzt verlange ich Ersatz!«

Jeder kennt eine solche Situation. Werden die falschen Worte gewählt, verhärten sich schnell die Fronten und man befindet sich im Streit. Wie kommt es dazu? Die Käuferin, die einen defekten Schuh erhalten hatte, fühlte sich betrogen, was ein Gefühl von Machtlosigkeit auslöste. Darauf folgt in den meisten Fällen Wut, manchmal vermischt mit Trauer.

Weil Wut normalerweise weder gefühlt werden will noch zu einem gehören soll, muss deshalb nach den verzerrten Vorstellungen des Ego ein anderer für ihr Vorhandensein verantwortlich sein. In diesem Fall glaubt die Kundin, dass die Verkäuferin sie durch ihr scheinbares Fehlverhalten – den Verkauf des zerkratzten Schuhs – wütend gemacht hat.

Die in einer solchen Situation verstrickten Egos wollen recht haben, um sicheren Boden unter den Füßen zu behalten, sodass aus Rechthaberei zusammen mit der Wut eine brisante emotionale Mischung entsteht. Unter dem Diktat des Ego kann folglich keine freundliche und reibungslose Kommunikation zustande kommen.

Sobald dir diese Mechanismen bewusst sind, kannst du angemessener reagieren. Achte darauf, wenn aggressive Gedanken auftauchen und sich etwas in deinem Körper zusammenzieht. Dann weißt du, dass dein konditionierter Verstand wieder am Werk ist und in Angriffsstellung geht. Für dich mag sich das so anfühlen, als ob du dich verteidigen willst, aber wie du schon erkannt hast, ist Verteidigung nichts anderes als Angriff.

Durch deine Achtsamkeit und die Bereitschaft, sich nicht mehr auf die eigenen Egospielchen samt dazugehöriger Emotionen einzulassen, wird der Wunsch, den anderen klein zu machen, verschwinden. Gelingt es auch der Schuhkäuferin, achtsam für ihr inneres Geschehen zu sein, ist sofort eine freundlichere Ausdrucksweise möglich: »Der Absatz dieses Schuhs ist zerkratzt. Könnten Sie mir bitte einen anderen Schuh als Ersatz geben?« Hier benutzt die Frau neutrale Worte und greift die Verkäuferin nicht an. So gewährt sie ihr den Raum, offen und freundlich zu reagieren.

Bei einem bewussten Umgang mit Sprache entstehen deutlich weniger Konflikte, doch unser Ego braucht Streitigkeiten und Missverständnisse für sein Selbstgefühl. Es ernährt sich von den negativen Energien, die durch seine Abgrenzung von der Umwelt entstehen, und nutzt jede Gelegenheit, diese Abgrenzung noch zu verstärken. Damit das eigene Selbstbild möglichst stabil bleibt, lautet deshalb das Dauermotto unseres Verstandes: »Ich muss recht behalten.«

Die Frau in unserem Beispiel trägt keine bewusste Verantwortung für ihr Verhalten, weil in Konfliktsituationen ein automatisches Reaktionsmuster startet, von dem sie nichts weiß. Entsteht mehr Bewusstheit, wird ihr der Schuhkauf bald deutlich mehr Freude bereiten.

Woher die Wut kommt

Wie bei der Frau im Schuhgeschäft kann der Auslöser für Wut eine Aussage oder Situation sein, durch die du dich angegriffen oder ausgeliefert fühlst. Dein Verstand redet dir ein, dass du vorher ausgeglichen warst. Also muss jemand anders für die Veränderung deines Gemütszustandes verantwortlich sein.

Doch was du dem vermeintlichen Übeltäter zutraust, ist nicht möglich. Niemand kann deinen Bauch und deinen Kopf aufklappen, einen Haufen Wut hineinkippen und dich wütend *machen*. Sie oder er findet lediglich den Schalter, der deine bereits vorhandene Wut auslöst. Sei ehrlich zu dir und erkenne, dass du wütend *bist*. Und das wahrscheinlich schon seit langer Zeit.

Durch Erziehung und gesellschaftliche Normen sind wir jedoch darauf gedrillt worden, nichts mit unserer Wut zu tun haben zu dürfen. Sie wird als etwas Schlechtes angesehen, das unterdrückt werden muss. »Benimm dich anständig.« Diesen Satz haben wir oft gehört. Was genau damit gemeint war, wurde allerdings nicht erklärt. Hauptsache, man war nicht laut und ungestüm, vor allem aber nicht wütend.

Seit deiner Kindheit bist du deinen Gefühlen gegenüber misstrauisch, weil du sie aus Angst vor

Liebesentzug nicht mehr haben wolltest. Damals warst du von deinen Eltern abhängig, und seitdem läuft in dir eine Art mathematische Gleichung, die jedoch nicht stimmt: Wahres Gefühl zulassen = Entzug von Liebe und Anerkennung = Ich muss sterben. Aus dieser Gleichung entsteht das angstvolle Glaubensmuster: »Meine Wut zu fühlen, wird mich umbringen.«

Unter der Oberfläche deines Bewusstseins lauert dein Ego und redet dir ein, du seist dem Tode geweiht, sobald du dich diesem Gefühl stellst. Die Büchse der Pandora muss geschlossen bleiben. Du hältst ihren Inhalt für ein unberechenbares Monster, das im Dunkeln lauert und nur auf die Gelegenheit wartet, dich zu töten.

Vielleicht hattest du nie die Chance erhalten, den Umgang mit deinen Gefühlen auf natürliche Weise zu lernen, weil das in deinem Umfeld auch niemand konnte. Dann ist es verständlich, dass du Angst vor dem durchdringenden Gefühl der Wut hast. Nun willst du die Verantwortung für dein Innenleben auf andere abwälzen, aber üblicherweise wehren sie deine Attacke ab. Du bleibst in deiner Wut stecken, weißt nicht wohin damit, und wirst zu einem wandelnden Pulverfass, das jederzeit explodieren kann.

Doch sobald du zum ersten Mal eine echte Verbindung zu deiner Wut bekommst und sie fühlen kannst, spürst du in deinem Körper, wie kraftvoll und hilfreich diese Energie sein kann. Bewusst freigelassen und kanalisiert, zum Beispiel mithilfe von Atemtechniken, Körpertherapien oder energetischen Verfahren, verwandelt sich blockierte Wut in pure Lebenskraft. Jetzt fließt sie durch den ganzen Körper und lässt jede Zelle prickeln. Nichts Schlimmes geschieht und du stirbst nicht an deiner Wut. Im Gegenteil, du fühlst dich kraftvoller und lebendiger denn je.

In der traditionellen chinesischen Medizin wird Wut als Energie beschrieben, die richtig geleitet für Wachstum, Veränderung und Kreativität sorgt. Im Körper und Geist blockiert, erzeugt sie Groll, Resignation, Apathie und andere Krankheiten.

Das Wort »Wut« ist bloß eine Bezeichnung für die eine Kraft, die sowohl aufbauend als auch zerstörerisch wirken kann. Schon vor vielen Jahrhunderten erkannten Heilkundige und Weise, dass Gefühle nicht blockiert werden dürfen. Sie müssen frei fließen und akzeptiert werden, damit ein Dasein in Frieden mit sich und der Umwelt möglich ist.

Das Gefühlsleben eines gesunden menschlichen Wesens mit voller Verbindung zu seinem wahren

Selbst gleicht einem bunten Blumenstrauß. Gefühle wie Wut, Trauer oder Freude erscheinen ohne ersichtlichen Grund im stetigen Wechsel und brauchen weder unterdrückt noch beurteilt zu werden. Erlaube ihnen, zu sein.

Mit diesem Wissen kannst du sofort natürlicher und freier sein. Sei fröhlich, wenn du fröhlich bist, sei traurig, wenn du traurig bist und sei wütend, wenn du wütend bist. Traue dich, in diese Gefühle einzutauchen und sie vollständig zu fühlen. Agiere sie nicht aus und tue nichts mit ihnen. Sei still und achtsam und die Gefühlswellen werden wieder vergehen. Durch erhöhte Achtsamkeit wird dein Innenleben ausgeglichener, und Wut oder Trauer werden deutlich seltener erscheinen.

Die Ursache für deine unterdrückte und manchmal übermäßig ausbrechende Wut stammt wahrscheinlich aus deiner Kindheit. Seit damals bist du davon überzeugt, es nicht verdient zu haben, so zu sein, wie du bist, und glaubst, daran nichts mehr ändern zu können. Diese riesige Irrtum begleitet dich seitdem und bestärkt Wut, Trauer, Schuld, Scham und Hass.

Hier handelt es sich nicht um reine Gefühle, die gelegentlich spontan erscheinen, sondern um reaktivierte Emotionen aus deiner Kindheit. Meist tauchen sie in Kombination mit falschen Gedankengängen deines Ego auf, wenn du dich in deinem Handlungsspielraum eingeengt fühlst. Und stets erzeugen sie ein anstrengendes Drama.

Erschwerend kommt hinzu, dass du dir bisher das natürliche Vorhandensein deiner Gefühle nicht erlauben konntest. Sie wurden durch ein Gedankenmuster blockiert, das spontane Gefühle als etwas Unerwünschtes und Bedrohliches betrachtet. So fühltest du dich bisher in vielen Bereichen deines Daseins deiner Natürlichkeit beraubt, ohne es zu bemerken. Weil du den Glauben an deine Machtlosigkeit bisher nicht als Ursache deiner trügerischen Emotionen entdecken konntest, schautest du in die falsche Richtung und warst wütend auf die vermeintlichen Verursacher im Außen.

Schaue jetzt nach innen und entdecke ein schöpferisches Wesen, mit Verbindung zu einer kraftvollen Quelle, die alles macht. Oder anders ausgedrückt: Du hast Verbindung zur machtvollen Quelle, die du selbst bist. Und das bedeutet, dass du keine Macht im herkömmlichen Sinne brauchst, um glücklich zu sein.

Benötigst du keine Macht, brauchst du keine Machtlosigkeit zu erleben. Dann hast du keine Wut und bist frei.

Hohes Tempo

Angenommen, du befindest dich in einer Beziehung, und alles könnte in Ordnung sein, aber dein Partner oder deine Partnerin ist nicht ganz zufrieden. Die vorhandene Wohnung ist zwar schön, aber ein Haus wäre besser. Dir ist es im Grunde egal, wie du wohnst, weil du mit der derzeitigen Situation zufrieden bist und keine Verbesserungen brauchst. Aber um keinen Streit zu provozieren, oder weil du dem Erwartungsdruck des Partners nicht länger ausgesetzt sein willst, fügst du dich ihrem oder seinem Wunsch.

Du verpflichtest dich, das dafür erforderliche höhere Tempo mitzugehen. Etwas in dir bäumt sich bei dem Gedanken an zusätzliche zeitliche und finanzielle Belastungen zwar auf, doch die vermeintliche Harmonie mit deinem Umfeld ist dir wichtiger. Deine natürliche innere Stimme, die nichts mit deinen Gedanken zu tun hat, muss schweigen und du begibst dich tiefer hinein in eine neue und anstrengende Situation.

Eine Weile geht dein Treiben gut und du redest dir ein, eine gemeinsame Herausforderung werde eure Beziehung beleben. Dazu kommen weitere Argumente deines Verstandes, warum gerade jetzt eine

Veränderung richtig ist, egal wie viel Stress sie dir bereitet.

Ihr stürzt euch in euer Vorhaben und seid mit Eifer dabei, etwas Neues zu schaffen. Doch eines Tages bemerkst du, dass mit deinem Körper etwas nicht mehr stimmt. Vielleicht schläfst du schlechter, deine Augenlider beginnen zu zucken, es kribbelt in deinen Gliedmaßen oder du stellst ein unangenehmes Geräusch in deinen Ohren fest. Diesen Erscheinungen misst du aber keine besondere Bedeutung bei, weil du im Moment etwas Wichtigeres zu tun hast: Das geplante Projekt muss verwirklicht werden.

Die körperlichen Symptome werden stärker und du ahnst, dass sie etwas mit deiner anstrengenden Lebenssituation zu tun haben. Aber weil du niemandem zur Last fallen und kein Versager sein willst, behältst du dieses Geheimnis für dich. Du willst mitziehen, egal zu welchem Preis, auch um deinen eigenen Ansprüchen gerecht zu werden.

Mittlerweile ist euer Projekt weit fortgeschritten. Jetzt traust du dich noch weniger, offen über deinen wachsenden Widerstand zu sprechen. Unbewusst glaubst du, wie du es bereits seit deiner Kindheit tust, dass ein Einstehen für dich mit Abweisung und Liebesentzug bestraft wird. Das willst du auf keinen

Fall erleben, hast du dir doch mit großer Mühe deine persönlichen Beziehungen aufgebaut.

Der innere Konflikt wird größer. Du spürst, dass dir alles zu schnell geht und du mehr Ruhe brauchst. Das Leben fährt auf der Überholspur und du kommst nicht mehr mit. Für dein Bedürfnis nach mehr Langsamkeit verurteilst du dich jedoch scharf, weil du denkst, im Vergleich zu den anderen stimme mit dir etwas nicht. »Alle anderen schaffen das, warum bin ich nur zu schwach dafür?« Du gerätst an einen Punkt in deinem Leben, wo du kurz vor dem Zusammenbruch stehst.

Diese Situation birgt ein großes Risiko und eine große Chance, denn dein Körper hilft dir durch Warnzeichen, dein natürliches Tempo zu finden. Übersiehst du sie, gerätst du in einen Kreislauf aus Krankheiten, den damit verbundenen Schuldgefühlen und dem daraus resultierenden Entschluss des Ego, weiter zu machen wie bisher, um kein Ansehen zu verlieren. Folgst du jedoch den Signalen des Körpers, kannst du deine Lebensgeschwindigkeit verlangsamen.

Du hast jedes Recht, dich zu vertreten und darauf hinzuweisen, dass dein Lebensglück und deine Gesundheit wichtiger sind als alle Pläne. Das ist deine Wahrheit und niemand kann sie dir streitig machen.

Habe den Mut, sie zu äußern und du wirst feststellen, dass bewusstes Handeln eine positive Wirkung im Außen und auf deinen inneren Frieden hat.

Was hast du von einem tollen Haus oder einem hoch bezahlten Job, wenn du an einem Herzinfarkt oder einem Schlaganfall zugrunde gehst? Lebensglück und innerer Frieden entstehen nur im jetzigen Moment und nicht in der Zukunft. Du weißt nicht, was das Leben für dich plant. Sei jetzt lebendig und nicht erst nach Abschluss eines scheinbar wichtigen Vorhabens.

Stelle das wahrhaftige und liebevolle Miteinander in den Vordergrund des gegenwärtigen Daseins. Mit Glück hast noch du die Wahl. Entscheide dich jetzt zwischen leidvoller Unbewusstheit und gesunder Ausgeglichenheit.

Ungesunde Signale

Krankheiten entstehen häufig durch eine Drucksituation, wie sie vorhin beschrieben wurde. Es besteht eine vermeintliche Verpflichtung gegenüber Situationen oder Menschen, wie dem Partner, den Eltern oder dem Chef.

Häufig machen wir etwas mit, das unserem Wunsch nach Ruhe zuwiderläuft und geraten unter erhebliche Anspannung. Die Lebensgeschwindigkeit ist zu hoch und wir fühlen uns dieser Situation hilflos ausgeliefert. Mit Glück tritt unser Körper schließlich auf die Bremse.

Ab jetzt geht alles nur noch langsamer und zwangsweise müssen wir und das Umfeld nun Rücksicht auf unsere angeschlagene Verfassung nehmen. Der Zustand, den wir uns insgeheim herbeigewünscht haben, ist erreicht. Allerdings nicht auf die Weise, wie wir es und vorgestellt hatten. Vom Ego gesteuert, konnten wir entweder nicht sehen, dass wir den Wunsch nach Ruhe und Langsamkeit hatten, uns ihn nicht eingestehen, oder es war nicht genug Kraft vorhanden, sich gegen die Erwartungshaltungen von außen durchzusetzen.

Mit der gesunden Einsicht, dass wir nicht an Liebesentzug sterben, wenn wir für uns selbst einstehen, würden viele Erkrankungen nicht erscheinen. Wenn wir es uns jederzeit trauen würden, für uns selbst einzustehen, tritt etwas in Kraft, das einen wesentlichen Teil unseres wahren Selbst ausmacht: Selbstliebe. Auf die eigenen Gefühle zu hören und sie zu fühlen, wenn sie auftauchen, ist kein Egoismus, sondern genau die bedingungslose Liebe, die wir bisher vergeblich im Außen gesucht hatten. Aber weil uns dieses natürliche Seinsgefühl in der Kindheit abhandengekommen ist, glauben wir nun, auf Liebe von außen angewiesen zu sein.

Dein wahres Wesen hat glücklicherweise ein tieferes Wissen. Deshalb gibt dir dein Körper jetzt ein deutliches Warnsignal: »Schaue hin, was du da machst. Tue dir endlich gut.« Häufig werden diese Hinweise nicht erkannt und wir glauben weitermachen zu müssen, wie bisher. Doch weil unsere wahre Natur wesentlich intelligenter ist als der sogenannte Verstand, wird sie wahrscheinlich weiter gegen diesen falschen Weg angehen und noch stärkere Krankheitssignale produzieren.

Manchmal, wenn das Leid groß genug ist und wir zum Stillstand gezwungen werden, kommt die Einsicht, dass wir so nicht weitermachen wollen. Hier hat die Erkrankung zu mehr Bewusstheit geführt. Wir können ihr dankbar sein, denn ohne sie würden wir womöglich noch länger in der Unbewusstheit bleiben.

Jetzt können wir gesündere Entscheidungen für uns treffen und uns neu entdecken, indem wir uns ehrlich fragen: »Was geht gerade in mir vor?«

Hilfestellung

Wie können wir helfen, wenn jemand aus dem Verwandten- oder Bekanntenkreis leidet, beispielsweise an einer schmerzhaften Erkrankung oder an Depressionen?

Hier kommt es darauf an, welche Möglichkeit der Mensch hat, sich bewusst mit seiner Erkrankung auseinanderzusetzen.

Ist nicht genügend Bewusstheit vorhanden, Krankheit als eine Aufforderung zur Veränderung zu begreifen, wird es kaum möglich sein, wirklich zu helfen. Unsere wohlgemeinte Hilfe wird mit großer Wahrscheinlichkeit abgelehnt.

Bereitschaft ist die wichtigste Voraussetzung für Veränderung, Auflösung oder Integration der bestehenden Erkrankung. Der betroffene Mensch muss nicht genau wissen, was zu tun ist, es kommt darauf an, dass er *bereit dazu ist*, Veränderungen geschehen zu lassen. Wenn es vom Leben so vorgesehen ist, werden sich die passenden Wege zeigen.

Aber selbst, wenn keine vollständige Genesung eintritt, bringt die Erkenntnis, dass Schmerz nicht zwangsläufig Leid bedeutet, bereits erhebliche Linderung. Wird die Krankheit mit ihren Symptomen akzeptiert, mag es sein, dass weiterhin noch seelischer oder körperlicher Schmerz vorhanden ist. Jedoch entfallen bei einem bewussten Verhalten die zusätzlich belastenden Opfer- und Leidgeschichten des Ego. Die Situation kann von dem Erkrankten nun gelassener betrachtet werden, als wahrheitsgemäßes »Es ist, wie es ist« und nicht als anstrengender Kampf »Das soll jetzt nicht so sein.«

Akzeptanz der vorliegenden Situation macht einen wesentlichen Unterschied aus, weil sie sofortige Erleichterung bedeutet. Zusätzlich ist es hilfreich, wenn man eine Erkrankung als etwas Vorübergehendes betrachten kann und sie nicht wie einen Stempel empfindet, der einem dauerhaft durch eine Diagnose aufgedrückt wurde.

Wenn ein Mediziner sagt, er könne nicht mehr weiterhelfen, bedeutet das nicht zwangsläufig, dass es keine Genesung mehr gibt. Es bedeutet nur, dass der Mediziner mit seinem Latein am Ende ist. Das Leben, das wir sind, hält oft heilsame Fähigkeiten parat, für die wir keinen medizinischen Namen haben.

Die Situation eines Erkrankten lässt sich vergleichen mit einem Aufenthalt im Gefängnis. Angenommen, wir sind inhaftiert. Rebellieren wir gegen unsere Haft, richten wir uns zugrunde. Doch nehmen wir unsere scheinbar ausweglose Lage vollständig an, können wir trotz der widrigen Umstände ein Gefühl von Frieden und Einheit mit dem jetzigen Moment empfinden. Durch eine widerstandslose Haltung sind wir innerlich frei.

Wenn du helfen möchtest, ist es hilfreich, die Situation zuerst zu akzeptieren und dann zu fragen, was der erkrankte Mensch braucht. Du weißt nicht, wozu er sein Leid benötigt. Gelegentlich begegnen uns seltsame Erklärungen, weshalb es zu einer speziellen Krankheit gekommen ist und welchen Sinn sie angeblich hat. Teilen wir jedoch, noch mit unserem Ego verstrickt, jemanden unsere Ansicht über den Sinn einer Erkrankung mit, handeln wir damit extrem unbewusst. Dieses Verhalten kann in den Menschen, die sich uns anvertrauen, große Unsicherheit und Angst auslösen und enormen Schaden anrichten. Selbst, wenn du glaubst, mit deiner Meinung recht zu haben – lasse sie sein und erinnere dich: Ein »Ich« kann nichts beurteilen.

Schmerz und Leid in unmittelbarer Nähe zu fühlen, ist eine der größten Herausforderungen. Wir möchten helfen und fragen uns, warum es ausgerechnet diesen Menschen oder uns selbst getroffen hat und wozu es überhaupt Leid in der Menschheit gibt.

Das Leben ist weder zynisch noch hat es Interesse daran, uns zu quälen. Manche Menschen werden jedoch nur durch den Anschein von Leid zu einer Richtungsänderung und mehr Bewusstheit bewegt. Aber nicht immer erfüllen Leid und Krankheiten diese Funktion, und warum speziell dieses oder jenes passiert, wissen wir nicht. Es ist das Geheimnis des Lebens.

Kein Leid, keine Kunst

»Räume ich innerlich auf und beseitige meine seelischen Hindernisse, verliere ich meine Kreativität. Deshalb brauche ich meine seelischen Störungen und ein kompliziertes Dasein, um erfolgreich zu sein. Schließlich haben auch Künstler wie Beethoven, van Gogh oder da Vinci persönlichen Leidensdruck gehabt.«

Diese Meinung ist bei einigen kreativ schaffenden Menschen verbreitet. Doch der Glaube, Leid für ein künstlerisches Dasein zu brauchen, ist das größte Hindernis an der Entfaltung von echter Kreativität. Die Quelle der wahren, spontanen Kreativität ist das Bewusstsein, das du bist und nicht das illusionäre Ich, das du zu sein glaubst.

Hier liegt eine Verwechslung vor zwischen Kreativität und Kompliziertheit. Erst wenn die krankmachenden, komplizierten Egomechanismen schwächer werden und schließlich zusammenbrechen, steht dir das gesamte Potenzial des Seins zur Verfügung. Was jetzt an Kreativität hervorsprudeln kann, ist in keiner Weise zu vergleichen mit nur durch reinen Intellekt produzierter Kunst.

Gehe einmal in ein Museum und betrachte die Werke verschiedener Künstler. Einige Kunstwerke werden etwas Besonderes in dir auslösen, eine Art Vertrautheit oder das Gefühl von lebendiger Präsenz. Vielleicht bekommst du eine Gänsehaut oder stehst staunend mit offenem Mund da. Bei dieser Kunst waren die Künstlerin oder der Künstler im Moment des Schaffens präsent und mit der Quelle des Seins verbunden.

Andere Werke hingegen lassen dich kalt oder reizen dich höchstens intellektuell. Sie erzeugen kein Staunen, sondern höchstens vermehrte Kommentare in deinem Kopf. Daher haben sie mit Kunst im ursprünglichen Sinn, damit ist Kunst ohne eine Hauptbeteiligung des Verstandes gemeint, nichts zu tun.

Natürlich gibt es Künstler, die in ihrem Schaffensbereich Verbindungen zur Quelle des Seins haben und in anderen Teilen des persönlichen Lebens von großem Leid geprägt sind. Doch Leid ist weder Voraussetzung noch Eigenschaft von Kreativität. Gelegentlich treffen sie zusammen, aber es gibt weitaus mehr Menschen auf diesem Planeten, die wegen ihres Leids nicht in den Genuss der schöpferischen Kraft kommen. Sie würden sich gern auf vielfältige Weise ausdrücken, doch innerlich sind sie fast erstarrt, weil sie nicht mit dem Fluss des Lebens schwimmen.

Willst du an deinem Leid festhalten, um kreativ zu sein, engst du dich ein und wirst wahrscheinlich deutlich weniger schöpferische Leistungen erbringen. Wendest du dich jedoch deinem wahren Selbst zu, hast du deine kreative Quelle entdeckt und schöpfst aus der unendlichen Fülle des Lebens.

Ohne Krankheit bin ich nichts

In einem Restaurant wird an einem Tisch über Krankheiten geredet. Ein Mann erklärt, er leide an einer seelischen Erkrankung und habe nicht den Eindruck, dass trotz Therapie Besserung in Sicht sei. Er berichtet zuversichtlich, dass er nun darauf hoffe, in seinem Behinderungsgrad von fünfundzwanzig Prozent auf fünfzig Prozent hoch gestuft zu werden. Damit bekomme er mehr Zuschüsse vom Staat.

Sein Begleiter fügt hinzu, ein Bekannter sei in einer ähnlichen Situation und habe ebenfalls einen höheren Behinderungsgrad beantragt. So könne er zu Hause bleiben und müsse sich nicht mehr dem wachsenden Druck auf der Arbeitsstelle aussetzen. Obwohl solche Lebensgeschichten nicht allgemeingültig für seelisch erkrankte Menschen sind, tauchen sie sehr häufig auf. Es könnte die Frage entstehen:

Warum wünschen sich manche Menschen lieber, zu fünfzig Prozent behindert eingestuft zu werden, als vollständig zu gesunden? Wieso wird der Wunsch nach Genesung nicht einmal als immerhin noch vorhandene Möglichkeit in Betracht gezogen?

Die Identifikation mit einer leidvollen Lebenssituation ist ein häufig anzutreffender Bestandteil des menschlichen Selbstgefühls. Oft haben die Menschen keine Hoffnung auf Verbesserung ihrer Lage. Unbewusst klammern sie sich an ihr Leid, weil es eine große Identifikationsfläche bietet und sie keinen anderen Weg sehen. Deshalb fällt es ihnen schwer, den notwendigen Mut und die Bereitschaft aufzubringen, sich auf ein unbekanntes Leben ohne diese leidvolle Geschichte einzulassen.

Falls du jemanden kennst, der an seinem Leid haftet, versuche nicht, ihn zu einer besseren Lebensalternative zu überreden. Sicher kannst du erwähnen, dass die Krankheit nicht zwangsläufig bleiben muss, doch erst wenn sich die Bereitschaft entwickelt, etwas zu ändern, kann ein Integrationsprozess stattfinden.

Leichtfertig sind wir oft dabei, manche Personen als schwach zu bezeichnen oder als jemanden, der zwar kann, aber nicht will. Diese arrogante Haltung hat mit Nächstenliebe nichts zu tun. In schwierige

Situationen verfangene Menschen haben oft einen tief sitzenden, unbewussten Gedanken: »Ohne mein Drama bin ich niemand.« In ihnen schlummert die Angst, zusammen mit ihrem Leid alles zu verlieren, was sie sind. Das Ego glaubt, es müsse sterben, wenn es seine Opferrolle aufgibt.

Deshalb haben viele Menschen zurzeit keine andere Wahl, als so zu denken und zu handeln. Mit Glück ist das Leid bei ihnen vorhanden, damit sie daran wachsen und schließlich aus der angsterfüllten Gedankenwelt des Ego erwachen können.

Der Herd ist aus

Du stehst drinnen vor deiner Haustür, hast Schuhe und Jacke angezogen und die Wohnungsschlüssel in der Hand. Du öffnest die Tür und willst rausgehen, doch plötzlich kommt dir der Gedanke: »Moment, habe ich den Herd ausgestellt? Und die Kaffeemaschine?« Du gehst zurück in die Küche und stellst erleichtert fest, dass du vergeblich nachgeschaut hast, denn alles ist in Ordnung. Leicht irritiert fragst du dich: »Wann habe ich den Herd ausgeschaltet? Ich kann mich gar nicht daran erinnern.« Darüber nachdenkend verlässt du die Wohnung. Kommt dir diese Situation bekannt vor?

Solche Dinge geschehen durch unbewusstes Dasein in einer milden Form. Wenn du nicht mit voller Achtsamkeit bei dem bist, was du gerade tust, erlebst du den gegenwärtigen Moment nicht bewusst mit, sondern erledigst deine Angelegenheiten achtlos und mechanisch. Dieser Zustand hat nichts mit automatischem Handeln wie beim Autofahren zu tun. Es ist vorteilhaft, wenn dein Körper die dafür erforderlichen Aktionen selbstständig beherrscht. Trotzdem ist es hilfreich, beim Fahren achtsam zu sein und sich in Gedanken nicht woanders zu befinden. Siehst du den Passanten, der die Straße überquert, wenn du geistig abwesend bist?

Gerade im Alltag ist bewusstes Dasein sehr hilfreich. Stelle bewusst den Regler des Herds aus und tue das Gleiche mit dem Knopf der Kaffeemaschine. Dann brauchst du nicht zurückzugehen, um alles noch einmal zu kontrollieren. Übernimm die Haltung der Achtsamkeit in alle deine Tätigkeiten des gesamten Tages. Auf diese Weise verankerst du dich bewusst im Hier und Jetzt und erfährst jeden Tag in einer neuen, frischen Lebendigkeit.

Im Rausch des Erfolgs

Unser Verstand hat viele Definitionen von Erfolg, von denen fast alle das Ziel verfolgen, besser dazustehen als andere Menschen. Aber was ist Erfolg? Ein prall gefülltes Bankkonto? Viele Kinder? Einen durch Sport geformten Körper? Viel Sex? Oder ist man erfolgreich, wenn man überall beliebt ist – oder sogar erleuchtet?

Unser Ego liebt es, höher, edler und bedeutsamer zu sein als jeder andere. Es produziert Geschichten über sich und seinen Erfolg und sagt gern: »Seht her, wer ich bin und was ich geschafft habe.«

Doch wenn die äußeren Formen und diese Geschichte zusammenbricht, weil der sogenannte Erfolg verschwindet, wer bin ich dann noch? Alle Mühe war umsonst und ich stehe vor einem Scherbenhaufen. Eben war ich noch der erfolgreiche Businessmensch, eine tolle Partnerin, eine hervorragende Mutter oder ein Vater, der alles im Griff hat. Doch plötzlich ist alles weg. Der Erfolg ist zu Staub zerfallen und ich fühle mich elend und leer.

Das Ego fürchtet diesen Zustand sehr, denn nichts zu sein, an das es sich halten kann, bedeutet seinen Untergang. Kann die Rolle des Gewinners trotz aller Anstrengung nicht mehr beibehalten werden, ist das Selbstgefühl akut bedroht. Nun greift unser Ego zu einer neuen Strategie. Es muss eine andere Story her, an die ich mich halten und mit der ich mich identifizieren kann.

Aus der Rolle des Erfolgreichen wird nun die des Opfers gestrickt. So habe ich wieder eine Geschichte, die ich mir und meinem Bekanntenkreis erzählen kann und mit der ich wieder Bestätigung und Bedeutung erhalte. »Seht her, wie übel mir mitgespielt wurde. Diese skrupellosen Finanzleute haben mich ausgenommen wie eine Weihnachtsgans. Sie hätten mich auf das Risiko dieser Investition hinweisen müssen.« So oder ähnlich klingt die neue Opfermelodie.

Bestätigen meine Bekannten diese Geschichte, fühle ich mich wieder im Recht. Der Mensch, der mir in diesem Moment verständnisvoll zunickt, ist ein wahrer Freund. Sollte er aber kein Verständnis für meine dramatische Geschichte haben und andeuten, dass er die Sachlage anders beurteilt, können meine Gefühle für ihn umschlagen.

Aus Zuneigung wird Abneigung und manchmal sogar Hass. Das Ego denkt: »Hast du nicht die gleiche Meinung über meine Geschichte, fühlt sich das so an, als ob ein Teil von mir abgetrennt werden soll.« Das Nicht-Akzeptieren meiner leidvollen Geschichte wird als ein schmerzhafter, persönlicher Angriff gewertet, der abgewehrt werden muss.

Durch eine Opferhaltung wird die eigene Lebensverantwortung an äußere Umstände abgegeben und man würdigt sich zu einem wertlosen Wesen herab. Das Opfersein ist der Glaube an ein Gedankenmuster. Es ist die Identifikation mit einer Geschichte, die sich auf eine scheinbare Vergangenheit bezieht. Doch jede Gedankenstory taucht nur in der Gegenwart auf.

Du hast die Wahl, dein momentanes Dasein mit einer Geschichte zu vernebeln und zu leiden, oder den Begriff »Vergangenheit« in der richtigen Bedeutung wahrzunehmen. Dann erkennst du, dass deine Geschichte auf etwas hinweist, das es nicht mehr gibt. Sie ist vergangen.

Was hast du davon, in Gedanken in einem Drama oder einer Katastrophe zu stecken, wenn vor dir ein duftendes Stück Apfelkuchen mit Sahne steht und dir die Sonne ins Gesicht scheint?

Auch wenn es normalerweise so scheint, macht es keinen Unterschied, ob man sich mit der Rolle des Erfolgreichen oder der des Opfers identifiziert. Beide Seiten haben Angst davor, von ihrer Lebenssituation abzulassen, weil sie befürchten, damit einen Großteil ihrer Identität zu verlieren.

Aber hier liegt eine Verwechslung vor zwischen deiner wahren Identität und einer vorübergehenden Funktion. Du *bist nicht* eine Lehrerin, ein Angestellter, ein Elternteil, ein Unternehmer oder ein Pleitegeier. Du *erscheinst* lediglich in dieser Funktion, die der Vergänglichkeit unterworfen ist. Was du wirklich bist, ist viel größer und bedeutsamer als das. Du bist das eine Leben, das als alles hier erscheint.

Im Leben gibt es weder Erfolg noch Misserfolg, denn das ist nur eine Betrachtungsweise des Ego. Das Gefühl, als Verlierer im Leben dazustehen, ist eine Orientierung an der Vergangenheit. Der Zwang, erfolgreich zu sein, zielt in die Zukunft. Das Ego lässt dich schwanken zwischen Gestern und Morgen, zwischen Groll und Bangen.

Erkenne, dass sich der gesuchte Frieden nur im jetzigen Moment befindet. Nur hier liegen deine wahre Identität und Stabilität, denn nur hier findet das Leben statt. Es ist egal, auf welcher Seite du zurzeit scheinbar stehst.

Die verschiedenen Lebenssituationen bedeuten stetige Veränderung, doch das darunterliegende Leben, der Urgrund, bleibt immer im Einklang und stabil. Wenn du dich nicht länger gegen das Sosein der Gegenwart wehrst und alle Veränderungen akzeptierst, scheint das Sein verstärkt durch deine menschliche Form. Du gelangst in deine Mitte und ruhst in dir selbst.

Spiritualität mit Hindernissen

Unser Verstand ist hilfreich für praktische Tätigkeiten, Abwägungen und Planungen. Doch leider lässt sich unser genial konstruiertes Werkzeug nicht mehr abschalten. Wie wir bereits gesehen haben, denkt es ununterbrochen in uns weiter, ohne viel Nützliches zum Leben beizusteuern.

Anstatt in innerer Stille auf wirklich hilfreiche Antworten lauschen zu können und dann bedacht zu handeln, werden wir durch den reißenden Fluss unserer Gedanken getrieben. So fühlen wir uns durch das Leben gehetzt, mit wenigen Momenten der Entspannung.

Erkennen wir diesen ungesunden Zustand und suchen neue Wege, um uns mehr Ruhe zu gönnen, leistet unser Ego großen Widerstand. Viele überzeugende Argumente tauchen auf, warum es gerade jetzt besonders ungünstig ist, sich auszuruhen oder neu zu orientieren. Solltest du aber standhaft in deinen Absichten bleiben und zum Beispiel Meditation üben, wendet der Verstand nun eine andere, sehr clevere Abwehrstrategie an. Jetzt wird er dir einreden, dass die Methode, die du dir ausgesucht hast, genau der richtige Weg ist, den gesuchten Frieden zu erreichen.

Das Ego wiegt dich in Sicherheit, du freust dich und verfolgst deinen neuen Weg anscheinend ungehindert weiter. Was dir dabei entgeht, ist die Raffinesse, mit der dein Verstand jetzt arbeitet. Zwar sagt er dir höchst überzeugend, du seist auf dem richtigen Weg, doch es gibt noch eine kleine Einschränkung. Du brauchst Zeit, um zur Befreiung und zum inneren Frieden zu gelangen. »Nur noch dieses Seminar und etwas Meditation und dann bist du am Ziel.« So oder ähnlich lauten die scheinbar hilfreichen Gedanken.

Der unablässige Strom aus Gedanken und Emotionen, aus dem das Ego nur besteht, muss aus seiner Sicht unbedingt aufrechterhalten bleiben. Deshalb bietet es dir nun die Zukunft als Erlösung von deinen Sorgen an und du siehst nicht, dass du damit wieder in eine Falle getappt bist.

Weil du normalerweise deinen eigenen Überzeugungen glaubst, bist du dir ziemlich sicher, dass dich die spirituelle Zukunft von deinen Problemen befreien wird. Dass es keine Zukunft gibt, in der du etwas erreichen könntest, und dich dein Verstand damit in die Irre führt, entgeht dir jedoch in deinem zeitraubenden Bestreben, dich spirituell weiterzuentwickeln.

Im Glauben, immer bewusster zu werden, läufst du von einem Seminar zum nächsten Vortrag, besuchst Retreats, liest Dutzende spirituelle Bücher und meinst, mittlerweile ein echter Kenner zu sein. Vielleicht gibst du dir auch einen neuen, wohlklingenden spirituellen Namen oder erhältst einen von einer »Meisterin« oder einem »Meister« in einer anrührenden Zeremonie. Jetzt hast du dein altes Ich vollständig gegen ein neues und kaum zu entdeckendes, spirituelles Ich ausgetauscht. Aber das bemerkst du nicht. Gerätst du nun in eine Situation, wo es um spirituelle Themen geht, redest du kompetent mit, mehr noch, du hast das Gefühl, meist recht zu haben.

Das Gefühl des Besserseins ist eine elementare Ausdrucksform des Ego, das sich in diesem Fall in einer »edlen«, spirituellen Form verkleidet. Sei hier besonders achtsam, denn diese Form ist wesentlich subtiler als andere Egoformen und daher nur noch sehr schwer zu entlarven.

Dein Verstand hört immer mit, begleitet dich in jeder Lebenssituation und ist immer auf der Hut. Die wahre Suche nach innerem Frieden bedeutet für das Ego ein lebensbedrohliches Szenario, denn wenn die Gedanken verschwinden, verschwindet auch das Ego. Deshalb geht es jetzt deinen Weg mit, allerdings von dir unbemerkt, als »spiritueller« Anführer. Und dabei hast du die ganze Zeit das Gefühl, das immer noch etwas fehlt.

Wozu brauchst du noch mehr Zeit und was suchst du? Falle nicht mehr auf den trickreichen Selbsterhaltungstrieb des Verstandes herein und seine auf die Zukunft gerichtete Hinhaltetaktik. Die Zukunft hält nichts bereit, was du jetzt gebrauchen kannst. Nur die Gegenwart enthält alle Geschenke. Laufe nicht in der Weltgeschichte herum, auf der Suche nach dem erlösenden spirituellen Ereignis, das Herz voll heiliger Wünsche. Willst du unbedingt noch nach Indien oder Tibet reisen oder warst du sogar schon dort? Fühlst du dich vollkommen erfüllt?

Halte jetzt inne. Setze dich in Stille hin und fühle, was du jetzt bist. Das schont deine Gesundheit, deinen Terminkalender und die Geldbörse. Das, was du suchst, bist du bereits, und nichts kann daran etwas ändern. Bist du etwa irgendwann aus dem göttlichen Rahmen, aus dem Rahmen deines eigenen Seins herausgefallen? Stehst du allein nebenan, abgeschnitten von allem Göttlichen? Selbst, wenn es sich vielleicht zurzeit so anfühlt – Ist es wirklich möglich, nicht Teil von allem zu sein?

Benötigt das, was du wirklich bist, Erleuchtung? Oder ist es eher das Ego, das Interesse an einer spirituellen Goldmedaille hat? Dann könntest du sagen: »Ich habe zwar noch ein Ich, aber das ist erleuchtet.« Ein illusionäres Ich will ein besseres illusionäres Ich sein.

Erkenne den Unsinn dieses Vorhabens. Wenn dir die spirituelle Suche so viel Befriedigung gibt, dass du sie noch nicht aufgeben willst, ist das in Ordnung. Doch dein wahres Ziel hast du schon jetzt in der Gegenwart erreicht, denn zu keiner anderen Zeit und an keinem anderen Ort kannst du mehr sein als du in deiner wahren Natur schon bist. Vielleicht fühlst du es bloß noch nicht, weil ein Ich immer noch auf der Suche ist. Aufrichtige Bereitschaft und Achtsamkeit sind die einzigen Voraussetzungen für das Beenden deiner Suche. Womöglich entsteht dann für eine kurze Zeit ein Gefühl der Leere in dir, weil eine wesentliche und wahrscheinlich schon lange vorhandene Identifikation deines Selbst wegfällt – die Rolle des spirituellen Suchers. Doch schon bald wird sich diese Lücke mit Erkenntnis und dem Fühlen deiner wahren Seinsnatur füllen, was dir die lang ersehnte Gewissheit, Erfüllung und inneren Frieden bringt.

Hundertprozentig

Wir haben eine Menge ungeprüfter Annahmen, Beurteilungen und Einschätzungen verinnerlicht, die unser Dasein sehr belasten. Einige davon sind uns bewusst, und weil sie uns scheinbare Sicherheit geben, indem sie unserem Ego eine Position verschaffen, glauben wir ihnen. Jedoch sind die meisten dieser gedanklichen Annahmen falsch.

Stelle dir folgende Frage, um deine Ansicht über eine Sache, an die du glaubst, die dich beschäftigt oder belastet, bewusst zu überprüfen: »Bin ich mir zu 100% sicher, dass meine Gedanken zu dieser Angelegenheit stimmen?« Lausche auf eine Antwort.

Vielleicht kommt eine Erklärung wie: »Nein, zu hundert Prozent bin ich mir nicht sicher, aber beinahe. Deshalb wird das, was ich denke, schon richtig sein.«

Das ist die Antwort des Ego. Doch in diesem Fall würde eine wahre Antwort lauten: »Ich weiß nicht, ob meine Gedanken zu dieser Angelegenheit stimmen.« Die Begründung liegt in der nicht vorhandenen Fähigkeit des Ego, eine Situation vollkommen zu erfassen. Es kann nur Teilaspekte davon sehen und nicht die gesamte Situation mit all ihren Abhängigkeiten. Sind wir mit einem »Ich« identifiziert, ist es unmöglich, sich einer Sache zu hundert Prozent sicher zu sein.

Mit der »100%-Frage« verschaffst du dir inneren Raum für neue Ansichten und Entscheidungen. Das ist ein großer Vorteil, denn das Leben bedeutet stetige Veränderung, und Flexibilität ist die beste Voraussetzung, um sich darin zu Hause zu fühlen. Das Ego dagegen möchte nicht flexibel sein: »Ich soll mich auf etwas Neues einlassen? Lieber nicht, denn das macht mir Angst.«

Achte auf das Geschehen im Außen und wie du darauf mit deinen Gedanken und Emotionen reagierst. Schnell wird sich zu einer Situation eine Meinung in dir zeigen. Bist du dir nicht sicher, ob du damit der Person oder Situation gerecht wirst, benutze die »100%-Frage«, um deine Meinung zu überprüfen. Mit einer offenen, liebevollen und wertfreien Haltung, vor allem dir selbst gegenüber, änderst du dich und die Welt und gelangst zu mehr Gelassenheit und Flexibilität.

Das Gleichnis von Stab und Bambus

»Gegenwehr und Hartnäckigkeit bedeuten Stärke, Nachgiebigkeit bedeutet Schwäche.« Dieser häufig anzutreffende geistige Irrtum verwandelt das Leben in einen anstrengenden Kraftakt, weil wir durch ihn beeinflusst gegen die bereits bestehende Gegenwart ankämpfen wollen.

Von Umwelt und Gesellschaft konditioniert, betrachten wir Nachgiebigkeit und Sanftmut häufig auch als Feigheit. Weil wir nicht jemand sein wollen, der alles mit sich machen lässt, beschließen wir vielleicht, allen Herausforderungen des Lebens mit Härte zu begegnen. Durch diese Entscheidung verlieren wir jedoch das gesunde Augenmaß, mit den uns begegnenden Situationen individuell, achtsam und bewusst umzugehen.

Als Konsequenz aus der Verwechslung von wahrer Stärke mit Schwäche werden wir uns wahrscheinlich einigen zusätzlichen unangenehmen Herausforderungen stellen dürfen, die wir durch diese ungesunde Geisteshaltung eingeladen haben.

Angenommen, das Leben weht dir wie ein rauer Wind entgegen. Bist du in deiner inneren Haltung starr wie ein Holzstab und hältst dich für stark, zerbrichst du irgendwann an dem Wind, falls er nur kräftig genug weht. Es gibt einen Knacks und der körperliche und seelische Schaden ist da.

Bist du aber wie ein flexibler Bambus, verbiegst du dich auch bei stärkstem Gegenwind nur vorübergehend. Du bleibst intakt und handlungsfähig und sobald der Druck nachlässt, richtest du dich wieder auf, als sei nichts geschehen.

Leiste keinen Widerstand gegen das, was bereits ist, und du bleibst leichter gesund. Akzeptanz des jetzigen Moments und das daraus folgende umsichtige Handeln lassen dich das Leben unbeschadet genießen.

Bewusstes Handeln

Tue, was du tun willst, und es wird getan. Sage zuerst »Ja« zum jetzigen Moment und werde dann tätig, wenn es erforderlich ist. Das Ja-Sagen im Inneren, das Bestätigen und Akzeptieren einer vorliegenden Situation, kann nachfolgend auch ein klares »Nein« im Außen bedeuten. Entwickle zuerst die Haltung: »Okay, das ist jetzt so. Was mache ich jetzt damit?«

Bist dann du in einer Situation, die dir nicht gefällt und wo du etwas tun kannst, bleibe ruhig und sage: »Nein, das möchte ich nicht.« Mit dieser Haltung bist du aktiv, bekämpfst aber nicht die Gegenwart. Lautet deine spontane innere Haltung jedoch: »Das soll jetzt nicht so sein«, machst du es dir schwer, denn damit kämpfst du gegen das an, was bereits *ist*, und gerätst aus dem Gleichgewicht.

Der Unterschied zwischen diesen beiden geistigen Einstellungen mag gering erscheinen. Dennoch ist er für ein Leben in Ausgeglichenheit von enormer Bedeutung. »Ja, die Dinge geschehen. Und wie gehe ich jetzt damit um?« Das ist Akzeptanz und eine bewusste Haltung zum Leben.

ERFORSCHUNG

Als Erwachsener stehen wir voll in unserer Kraft. Wir halten uns für unabhängig und bereit, es mit der ganzen Welt aufzunehmen. Doch schnell gibt es Probleme, denn dass wir immer noch eine alte Gedankenfessel tragen, entgeht unserer beschäftigten Aufmerksamkeit.

Diese Fessel lautet: »Ich muss Liebe und Anerkennung bekommen, sonst werde ich nicht überleben.« Mit der simplen Feststellung, als Erwachsener der Abhängigkeit von unseren Eltern schon längst entkommen zu sein und ihre Zuneigung für unser Überleben nicht mehr zu brauchen, hätte dieses unwahre Gedankenmuster stoppen können. Aber das hat es nicht und jetzt läuft es unbemerkt weiter. Nun glauben wir, uns für die Liebe und Anerkennung anderer Menschen verbiegen zu müssen.

Unbewusst will der Verstand uns glauben machen: »Wenn die Chefin oder die Partnerin mich nicht mag, muss ich sterben.« Was sich vielleicht etwas dramatisch anhört, zeigt im täglichen Miteinander seine volle Wirkung und findet unbewusst in fast allen Menschen statt, die sich in Beziehungen und Abhängigkeitsverhältnissen befinden.

Beobachte dich, wenn eine Autoritätsperson, beispielsweise deine Chefin, dich zu einem persönlichen Gespräch bittet. Vielleicht wirst du nervös und du bekommst feuchte Hände. Selbst diese leichten Symptome sind bereits Ausdruck der Todesangst des Ego. Ohne dass es dir klar ist, geht es für dich in diesem Gespräch mit der Vorgesetzten nicht um das besprochene Thema, sondern darum, welchen Eindruck du bei ihr hinterlässt. Bist du dir ihrer Anerkennung weiterhin sicher oder musst du dich noch mehr anstrengen, um in gutem Licht dazustehen?

Fragen dieser Art beschäftigen dich unbemerkt jeden Tag und halten dich weiter in Abhängigkeit von scheinbaren Autoritäten. Du fühlst dich unsicher, weil dir Jahrzehnte alte Glaubensmuster sagen, dass du so, wie du bist, nicht ausreichst und anders sein musst, um überleben zu können. Dabei bist du das Leben selbst.

In dem Beispiel mit deiner Vorgesetzten gehst du mit eigenen Vorstellungen und Gedanken in die Besprechung. Sollte die Meinung deiner Chefin – ihre Gedankenformen – mit deinen übereinstimmen, hast du Glück gehabt. Deine Definitionen über dich und die Welt erhalten Bestätigung. Ein Gefühl von Entspannung kann eintreten, die Sicherheit, jetzt nicht angegriffen zu werden.

Ist deine Chefin jedoch unzufrieden mit dem Verlauf der Besprechung, sieht die Situation anders aus. Weil du dich mit deinen Gedanken identifizierst, deine Vorgesetzte dir aber ihre Gedankenformen nahebringen will, entsteht Anspannung in dir. Was du denkst, soll durch die Gedanken der Chefin ersetzt oder ergänzt werden. Deshalb fühlt es sich für dich so an, als ob du selbst ersetzt oder ergänzt werden sollst. Du empfindest Machtlosigkeit und wirst in dem Meeting vielleicht unsicher oder ärgerlich, weil die Angst deines Ego, ausgelöscht zu werden, die Kontrolle übernimmt. Von solchen unbewussten Reaktionsmustern beeinflusst, kann man nicht selbstsicher und frei handeln.

Auch in deiner Chefin laufen die gleichen, unbewussten Kontrollmechanismen des Ego ab, weil es dieselbe Angst vor Auslöschung hat wie dein illusionäres Ich. Hier befindet sie sich jedoch in der scheinbar stärkeren Position und deshalb fühlst du dich machtloser als sie.

Vielleicht fühlst du dich in verschiedenen Lebenslagen gefangen und glaubst, zu diesem Dasein verdammt zu sein. Doch dein Leid hat nichts mit deiner Situation zu tun, sondern nur damit, was du über sie denkst. Deine Interpretation der Welt und die Definitionen deines Selbst sind ungeprüfte gedankliche Annahmen, die nichts mit dem zu tun haben, was du in Wahrheit bist.

Wahrscheinlich hattest du früher keine Möglichkeit erhalten, ein natürliches Selbstgefühl zu entwickeln und zu bewahren, weil deine Eltern diese Möglichkeit ebenfalls nicht hatten. Wie könnte so echtes Selbstvertrauen entstehen?

Um aus dem Karussell der Ohnmacht und Angst auszusteigen, ist es wichtig, dass du dich wieder an dein wahres Wesen erinnerst. Denn alle Konflikte, in die du verwickelt bist, beruhen auf einem grundlegenden Irrtum: »Ich bin das, was ich über mich denke.« Findest du heraus, was du wirklich bist, hast du den Schlüssel zu deiner Freiheit gefunden.

Sollen und Müssen

Angenommen, du stehst schon lange im Berufsleben und denkst: »Mein Chef sollte mir endlich eine Gehaltserhöhung geben.« Wenn du schon einige Jahre in der Firma beschäftigt bist und dein Chef dir bisher nicht mehr Geld gezahlt hat, ist das die Realität. Die Wirklichkeit der Gegenwart stellt sich so dar, dass dein Chef dir *nicht* mehr Geld gibt. Was nützt dann der gegensätzliche Gedanke, dass er es tun *sollte*?

Schließe jetzt deine Augen und fühle, was der Gedanke »Mein Chef sollte mir mehr Geld geben« in deinem Körper auslöst. Gibt es irgendwo Anspannung, Druck oder Enge? Trauer womöglich? Fühlst du, was dieser Gedanke mit deinem Körper anrichtet? Diese Reaktionen sind Hinweise auf die Unwahrheit deiner Gedanken.

Und nun denke zum Vergleich: »Mein Chef zahlt mir nicht mehr Geld. So ist das.« Spürst du einen Unterschied zu vorher? Gibt es womöglich ein Gefühl der leichten Resignation, welches sich aber echter anfühlt als eine Zusammenziehung des Körpers? Oder entspannt sich sogar etwas bei diesen Gedanken?

Falls das so ist, bist du deiner Wahrhaftigkeit auf der Spur, denn auf diese Weise kannst du erfahren, wie gedankliche Wahrheiten, im Gegensatz zu gedanklichen Lügen, auf dein Lebensgefühl wirken. Akzeptierst du die Dinge, wie sie sind, geht es dir sofort besser, denn jetzt hast du echte Handlungsmöglichkeiten. Ändere die Situation, sofern du dazu in der Lage bist, verlasse sie oder akzeptiere sie voll und ganz. Aber die Realität gedanklich zu bekämpfen oder zu verbiegen ist nicht möglich. Dieses Vorhaben verursacht nur Leid und Anstrengung.

Sollte das Beispiel mit dem Vorgesetzten nicht deiner derzeitigen Situation entsprechen, wähle ein passenderes für dich und wiederhole dieses Gedankenexperiment. Vielleicht bist du davon überzeugt, dass dein Partner oder deine Partnerin unbedingt etwas für dich tun soll. Überprüfe wie vorhin mithilfe deines Körpergefühls, ob deine gedanklichen Vorstellungen zu dieser Angelegenheit wahr sind.

Erkenne: Niemand *soll* oder *muss* etwas für jemanden tun. Das gilt auch für dich selbst. Obwohl innere Stimmen auftauchen, die das Gegenteil behaupten, sagen sie nicht die Wahrheit. Es sind Meinungen, die du wahrscheinlich von vermeintlichen Autoritäten übernommen hattest. Womöglich glaubtest du, deine Eltern, Lehrer oder Bekannte wüssten besser über die Zusammenhänge in der Welt Bescheid als du.

Du hast fremde Vorstellungen und Zwänge ungeprüft in dein System integriert und diese Stimmen zu deiner Stimme gemacht. Doch das führt dich in einen Zwiespalt, weil dir der Gedanke, das etwas Bestimmtes unbedingt geschehen soll, einredet, die stattfindende Gegenwart ändern zu können. Das ist aber nicht möglich, und tief im Inneren weißt du es.

Manchmal fühlst du dich wie ein Versager, der etwas tun müsste, es aber nicht schafft. Dir geht es nicht gut damit, aber du hältst an deinen Gedankenlügen fest, weil sie einen Teil deines illusionären Selbst bilden; und so nimmst du das hierdurch entstehende Leid in Kauf.

Erfahre nun, wie es sich anfühlt, wenn du die Worte »sollen« und »müssen« in Gedanken und Worten durch »darf«, »dürfen«, »kann«, »können«, »will« oder »wollen« ersetzt.

Denke: »Ich *muss* noch den Müll rausbringen«, und spüre, wie sich das in deinem Inneren anfühlt.

Und nun denke und fühle zum Vergleich: »Ich *will* noch den Müll rausbringen.«

Denke: »Ich *muss* zur Arbeit gehen«, und spüre nach. Und nun denke und fühle zum Vergleich: »Ich *kann* zur Arbeit gehen.«

Spürst du die vollkommen unterschiedliche Energie dieser Sätze? Lasse die Worte »sollen« und »müssen« zunächst für eine Woche aus deinen Gedanken und Worten weg. Wenn sich deine Einstellung gegenüber

Menschen und Situationen zu mehr Toleranz hin verändert, streiche »sollen« und »müssen« dauerhaft aus deinem Wortschatz und ersetze sie durch *»wollen«*, *»können«* und *»dürfen«*.

Durch den Verlust zweier Worte erlebst du einen großen Gewinn an Freiheit, Achtung und Liebe.

Ein hilfreicher Dialog

Der folgende Dialog kann zusätzlich dazu beitragen, sich vom Sollen und Müssen zu lösen.

Möchtest du, dass das Gras nicht grün, sondern blau ist?

Nein, wieso sollte ich das wollen?

Möchtest du, dass die Rose keine roten Blätter hat, sondern gepunktete?

Nein, wieso sollte ich das wollen?

Erfreust du dich an der Rose, wie sie blüht, oder soll sie anders blühen?

Die Rose ist gut so, wie sie ist. Sie muss nicht anders sein.

Wie fühlt es sich an, der Blume zu erlauben, so zu sein, wie sie ist?

Es fühlt sich richtig an. Weit und frei.

Wie soll dein Partner sein?

Mein Partner sollte etwas anders sein als er ist, denn manches mag ich an ihm nicht.

Was spürst du, wenn du sagst, dein Partner soll nicht so sein, wie er ist? Er soll anders sein und zwar so, wie du ihn haben willst. Wie fühlt sich das in deinem Inneren an?

Etwas in mir zieht sich zusammen. Enge.

Und wie fühlt es sich an, deinem Partner zu erlauben, so zu sein, wie er ist? Vielleicht so wie die Rose?

Alles weitet sich. Entspannung tritt ein.

Welches deiner Gefühle ist wahrer?

Das Zweite. Mein Partner darf so sein, wie er ist.
Das ist wahr, obwohl es mir noch etwas schwer fällt,
das zu sagen.

Hast du nun eine Antwort auf die Frage, wie dein
Partner sein soll, gefunden?

Ich glaube schon. Ja, ich bin mir sogar sicher. Er
darf so sein, wie er möchte.

Diese Fragen bieten eine weitere Möglichkeit, Urteile
und Meinungen mithilfe deines Körpergefühls auf
ihren Wahrheitsgehalt zu überprüfen. Gefühle bringen dich näher an dein inneres Wesen als Gedanken,
weil sie ehrlicher sind. Durch die Überprüfung deiner
Gedanken wirst du offener für neue Handlungsalter-
nativen und dein Körper weist dir durch sein Gefühl
den Weg zur einer liebevollen Lebenseinstellung.

So sein, wie du bist

Du bist eins mit dem Leben, der natürliche Einklang von Menschsein und Unvergänglichkeit in menschlicher Form. Gestattest du dir das natürliche Sein, verschwinden Machtlosigkeit, Trauer und Wut und du wirst mitfühlender gegenüber dir selbst und der Welt.

Deshalb sage gelegentlich laut oder in Gedanken: »Ich darf so sein, wie ich bin, denn ich bin bereits, was ich bin.«

Und schon bald brauchst du diesen hilfreichen Satz nicht mehr, denn die Welt wird wieder freundlich und du fühlst dich zu Hause angekommen.

Beziehungen

Alles soll so funktionieren, wie wir es uns vorstellen. Beruf, Umwelt und vor allem unsere Beziehungen sollen uns geben, was wir dringend suchen: Freude, Erfüllung und Sicherheit. Doch merkwürdigerweise läuft ausgerechnet in unseren Beziehungen oft etwas schief und dauerhafte Erfüllung ist dort kaum zu finden.

Gerade frisch verliebt sieht die Welt rosarot aus und die Partnerin oder der Partner ist genau das, was uns zu unserem Glück noch gefehlt hat. In ihrer oder seiner Nähe fühlen wir uns sicher und manchmal kommt es zu Momenten inniger Nähe, wo wir Maske und Rolle fallen lassen und sein können, wie wir sind. »Das ist wahre Liebe«, denken wir.

Doch schon oft nach kurzer Zeit funktionieren die Beziehung und der Partner nicht mehr so, wie wir es uns wünschen. Kleine Streitigkeiten tauchen auf, häufig über bedeutungslose Dinge, und der Partner tut etwas anderes, als wir insgeheim von ihm erwarten. Aus unserer Liebe wird Irritation, die sich zu Gereiztheit oder manifestem Ärger auswächst.

Wie kann das sein? Kann Liebe in Wut oder Hass umschlagen? Natürlich nicht, denn wahre Liebe kennt kein Gegenteil. Was hier stattfindet, hat mit Liebe nichts zu tun. Es begegnen sich zwei Bedürftige, zwei Bettler, die voneinander glauben, der andere habe etwas in der Tasche, was man gut gebrauchen könne. Die unbewusste Gedankenkette dazu lautet in etwa so: »Du bist mein Eigentum und hast etwas, das mir fehlt. Gib es mir und bleib so, wie ich dich haben will. Dann ist alles gut und das ist meine Liebe zu dir. Aber wehe, du änderst dich. Dann hasse ich dich, weil du mich enttäuscht hast.«

Wahre Liebe wird meist mit Besitz, Brauchen und Bedürftigkeit verwechselt. Deshalb kommt es in Beziehungen häufig zu Schwierigkeiten. Solange die wahre Fülle im Leben nicht gefunden wird, ist uns nichts genug. Kein Partner, keine Lebenssituation und kein Geld können ausreichen.

Wir sind aber nicht absichtlich so, denn zusammen mit einem großen Teil der Menschheit befinden wir uns im unbewussten Glauben, dass uns etwas fehlt.

Oft ist mit dem Thema Liebe ein Gefühl des Mangels verknüpft, das nicht so einfach entdeckt und entfernt werden kann. Erst wenn ein gewisser Grad an Achtsamkeit erreicht ist, werden wir uns der inneren Abläufe bewusst und können etwas für uns tun. Sobald wir unsere echte Quelle und die darin verborgene Fülle finden, fallen die Bedürfnisse und Erwartungen unseres falschen Selbst ab, weil sie als bedeutungslos erkannt werden. Wenn das Gefühl der Getrenntheit verschwindet, erscheinen Mitgefühl und Liebe in dem Erkennen, dass alles eins und miteinander verbunden ist.

Nur mit voller Verbindung kann wahre Liebe empfunden werden. Wären wir wirklich ein getrenntes Individuum, zu wem könnten wir dann Gefühle entwickeln?

Das natürliche Bestreben der Liebe ist freie Ausweitung, und wenn sie sich nicht begegnen darf, erscheinen Trauer und Wut. Oft wünschen wir, unsere Liebe weiterzugeben, um damit jemandem etwas Gutes zu tun oder um Liebe zurückzuerhalten. Diese Sehnsucht kann ein Grund dafür sein, Kinder zu bekommen und Kontakt zu vielen Menschen herzustellen.

Hier ist es hilfreich, auf einen weiteren gedanklichen Irrtum hinzuweisen. Liebe zu erhalten oder weiterzugeben ist nicht möglich. Liebe umfasst alles und ist der Kern jedes Wesens. Wir *haben* keine Liebe, wir *sind* Liebe. Liebe löst in fühlenden Wesen Liebe aus. Erkennen wir jemanden in seiner Essenz als vollkommen gleich mit uns, fühlen wir dieses Einssein als Liebe.

Sollten aus unserer Beziehung keine Kinder hervorgegangen sein, brauchen wir nicht traurig zu sein, denn durch das Erkennen des Einsseins im Anderen bietet uns die Welt viele Möglichkeiten, sich als bedingungslose Liebe zu spüren.

In einer wahrhaft liebevollen Beziehung kann dir niemand gehören und dich niemand betrügen. Der einzig existierende Betrug wäre dein eigener Selbstbetrug, dass du jemanden besitzen könntest. Aber es ist nicht *dein* Partner, sondern *ein* Partner, mit dem du als Mensch zurzeit eine Beziehung hast.

Die Ganzheit der Liebe kennt weder Bedürfnisse noch Besitzansprüche. Sage zu deiner Partnerin oder deinem Partner: »Ich brauche dich nicht, aber ich freue mich von Herzen, dass du da bist.« Diese Haltung spricht aus wahrhaftiger Liebe und erzeugt echte Freiheit und Verbundenheit. Fühle und erkenne: Wahre Liebe ist Einheit und sie kennt kein Gegenteil.

Gut gemeint

Wir sind mit unserem Partner vielleicht schon viele Jahre zusammen. Jede Eigenheit ist uns vertraut, sodass wir glauben, sie oder ihn richtig einzuschätzen. Befindet sich unser Partner in einer Krise oder verhält sich anders als wir es uns vorstellen, sind wir ziemlich sicher, ihm helfen zu können. Wir denken: »Ich weiß, was mein Partner braucht.«

Mit dieser Ansicht liegen wir daneben. »Gut gemeint ist schlecht gemacht« ist eine weise Redensart, denn wir können nicht wissen, was unser Partner braucht, selbst wenn wir ihn schon hundert Jahre kennen würden.

Vielleicht kommt dir folgende Aussage bekannt vor, die gelegentlich in vertrauter Runde hinter vorgehaltener Hand verkündet wird: »Man muss ihn (oder sie) nur ein bisschen zum Glück zwingen ...« Diese Haltung spiegelt die Arroganz des Ego wider, das von wahrhaftiger Beziehung keine Ahnung hat, und sie hat mit Nächstenliebe nichts zu tun. Denn wie könnten wir jemanden beurteilen, wenn wir uns selbst nicht kennen? Durch die verzerrten Gedanken eines illusionären Ich kann das eigene wahre Wesen nicht erkannt werden. Solange dieser Zustand vorherrscht, kann auch nichts anderes klar erkannt oder beurteilt werden.

Natürlich haben wir mit dem Bestreben, unsere Nächsten aus einer Verstimmung oder scheinbar negativen Situation herauszuholen, nur das Beste im Sinn. Doch meist wird unser Vorhaben misslingen, weil wir damit unbewusst planen, den Mitmenschen die Lebensverantwortung abzunehmen. Aber das können wir nicht, egal wie sehr wir es uns wünschen.

Jedem Menschen begegnen im Leben Herausforderungen, die speziell für sie oder ihn vorgesehen sind. Wäre das nicht so, würde es nicht geschehen. Manche Menschen erkennen eine Herausforderung, nehmen sie an und wachsen daran. Für andere entwickeln sich aus einer solchen Situation große Lebenskrisen und sie zerbrechen fast daran.

Gleichgültig, wie sich eine Situation darstellt, sie dient dazu, zu mehr Bewusstheit zu führen. Weil jeder Mensch seinen eigenen Weg in Richtung Ganzheit geht, wird der Zugang dazu in passender Form bereitgestellt. Deshalb können wir häufig nicht verstehen, warum diesem Menschen genau dies oder das passiert. Es geschieht so, wie es geschieht.

Stehe deinen Nächsten aufbauend und hilfreich zur Seite. Wenn möglich, frage, was sie benötigen, und diene ihnen nichts an, von dem du glaubst, es sei das Mittel der Wahl. Du bist kein Hellseher, darum wirf deine Glaskugel fort und ersetze sie durch Offenheit und liebevolle Akzeptanz des Menschen und der vorliegenden Situation. Das ist die größte Hilfe, die du geben kannst.

Nächstenliebe

»Liebe deinen Nächsten wie dich selbst.« Jeder kennt dieses berühmte Zitat. Obwohl man ein Gefühl dafür hat, was diese Worte bedeuten, ist nicht sofort klar, wie man sie in die Tat umsetzen kann. Fehler und Mängel des Nächsten zu übersehen oder sogar zu akzeptieren, ist schwierig. Eine noch größere Herausforderung ist es, Liebe zu sich selbst zu entwickeln.

Um die obige Aufforderung Wirklichkeit werden zu lassen, kommt es auch auf die richtige Reihenfolge der Ausführung an. Etwas praktischer hätte das Zitat vielleicht gelautet: »Entwickle erst Liebe zu dir selbst, und dann bist du in der Lage, deinen Nächsten zu lieben.«

Einige unserer Eigenschaften mögen wir vielleicht nicht und lehnen sie deshalb ab. Aber unterteilen wir unser Selbst in gut und schlecht, können wir keine vollständige Liebe mehr zu uns empfinden. Wie kann ich aber meinen Nächsten akzeptieren und lieben, wenn ich mich selbst nicht vollständig lieben kann? Reicht ein kleiner »Prozentsatz Liebe« für meinen Nächsten vielleicht schon aus? Lässt sich Liebe überhaupt einteilen?

Nein. Liebe umfasst alles, denn sie ist bloß ein anderes Wort für deine wahre Natur. Sie lässt sich nicht in Stücke zerlegen. Schließt du einen einzigen Menschen in deinem Leben von der Liebe aus, hältst du die Liebe von jedem Menschen und von dir selbst fern. Das, was du dann Liebe nennst, ist bloß die Abhängigkeit deines Ego von Aufmerksamkeit und Anerkennung, verknüpft mit der Angst, sie nicht zu erhalten.

Lehnst du einen Aspekt des Lebens oder von dir selbst ab, lehnst du das ganze Leben ab, denn das Leben ist eins. Umfassende Selbstliebe entwickelt sich erst, wenn du dich mit allen Eigenschaften vollständig akzeptierst. Das bedeutet, alle auftauchenden Gefühle und Gedanken widerstandslos als zu dir gehörend anzunehmen.

Alles, was wahrgenommen wird, ist bereits in diesem Moment enthalten. Auch das in dir auftauchende Geschehen ist schon Wirklichkeit, und daher wäre es verrückt, es zu verneinen oder abzulehnen. Unser Ego agiert jedoch täglich auf diese Weise, was zu Anspannungen, Sorgen und Leid führt. Das alte Muster »Ich muss noch mehr tun« setzt dich einem enormen Druck aus, und das »Ich bin nicht genug« hält dich machtlos und klein. Aber du bist hier und lebendig und daraus folgt, dass du so sein darfst, wie du bist. Akzeptiere das und dann entsteht Liebe zu dir selbst.

Nimm dich vollständig an und verurteile dich nicht länger für scheinbare Unzulänglichkeiten. Es ist nicht schwer, sich zu akzeptieren, denn das Leben hat uns bereits akzeptiert. Wie können wir uns da sicher sein? Es ist ganz einfach. Nur vom Leben Akzeptiertes kann im Leben erscheinen. Und du bist jetzt hier.

Selbstverständlich brauchst du deinen momentanen Zustand nicht einfach so hinzunehmen, wenn er dir nicht gefällt. Über die Möglichkeit, alte blockierte Gefühle zu integrieren, um zu mehr Lebensfreude zu kommen, haben wir bereits gesprochen. Mit einer liebevollen Haltung dir selbst und der aktuellen Situation gegenüber sind positive Änderungen jederzeit möglich und sehr wahrscheinlich. Gleichzeitig gestattest du damit deinen Mitmenschen, so zu sein, wie sie sind. Jetzt wirken sie wie ein Spiegel und du spürst, dass sie dasselbe sind wie du. Das Beurteilen und die Angriffe hören auf. Das ist wahrhaftige Liebe.

Das schöne Leben

An vielen Stammtischen, vor und in den Fernsehern wird diskutiert, warum jenes Unglück eingetreten ist, ob die Politiker sich haben wieder etwas zuschulden kommen lassen und wie die »Mächtigen« die »Kleinen« übervorteilen. Häufig wird gefragt: »Warum gibt es so viel Schlechtes auf der Welt?« Meine Antwort darauf lautet: »Warum nicht?«

Das mag zunächst etwas befremdlich klingen, denn falls wir an Vorbestimmung oder eine göttliche Macht glauben, scheint damit unvereinbar, dass »Böses« in der Welt geschieht. Warum ist nicht einfach alles gut?

Die Welt bietet nicht nur das sogenannte Negative, sondern auch viel Schönes und das jeden Tag. Ohne eine Gegenleistung dafür zu erbringen, erhalten wir in jedem Moment unseres Daseins ein einzigartiges Geschenk. Die Sonne scheint für uns und wärmt uns, der Regen fällt und macht alles fruchtbar. Wir werden angelächelt, unser Sofa fragt nicht, warum es uns tragen muss, und der Tee schmeckt gut. Einfach so. Trotzdem stellt nur selten jemand die Frage »Warum gibt es so viel Schönes auf der Welt?«

Dinge und Situationen, die uns gefallen, nehmen wir offenbar als selbstverständlich hin und nur selten sagen wir zu dieser Großartigkeit »Danke!« Wenn mich jemand fragte, warum es so viel Schönes auf der Welt gibt, würde ich auch hier antworten: »Warum nicht?« Alles, was wir in dieser Welt wahrnehmen können, findet ohne einen Grund statt, den wir verstehen könnten. Das ist schwer zu akzeptieren, weil wir von klein auf darauf trainiert wurden, alles Geschehen zu verstehen und zu begründen. Wir wollen alles kontrollieren, trotzdem ist alles so, wie es ist. Die Unterteilung in Gut und Böse wird nur von unserem Ego hinzugefügt, das die Einheit spalten und beurteilen will.

Im Glauben gefangen

Wenn sich das Bewusstsein mit einer menschlichen Existenz identifiziert, fühlt es sich getrennt und die Einheit ist nicht mehr erfahrbar. Sollten wir göttlichen Beistand benötigen, wird deshalb der Irrtum, ein einzelnes, abgetrenntes Wesen zu sein, in Form eines überdimensionalen, individuellen Gottes nach außen projiziert.

Das kleine menschliche Ego erschafft unbewusst ein ihm ähnliches Wesen, aber mit Eigenschaften ausgestattet wie: allmächtig, allwissend und barmherzig. Und anschließend fragen wir dieses Überwesen ratlos, warum es Leid, Krankheit, Armut und Kriege erschaffen hat.

Doch sobald sich die Identifikation des Bewusstseins mit dem persönlichen Ich auflöst, erscheint die Erkenntnis, dass es keine Getrenntheit, sondern nur einheitliche Verbundenheit gibt. Damit verschwindet der Glaube an einen von uns getrennten Gott, der uns führt oder über uns urteilt.

Solange das Ego uns noch steuert, ist es unmöglich, ein umfassendes Seinsgefühl zu entwickeln. Zwar können wir uns jederzeit vorstellen, dass das Göttliche einheitlich und alles durchdringend ist; befinden wir uns jedoch in einer Notlage, fühlen wir uns normalerweise sofort wieder klein, nur menschlich und getrennt. Und schon wenden wir uns wieder an Gott als ein von uns getrenntes Wesen, damit Sie-Er-Es uns aus unserer belastenden Situation heraushilft.

In uns besteht ein Konflikt zwischen dem persönlichen Ichbewusstsein, das Trennung fühlt, und dem vom Verstand befreiten Bewusstsein, das sich selbst als die Verbundenheit aller Dinge und Nicht-Dinge wahrnimmt. Daher muss bei Vorhandensein eines illusionären Ich der Glaube an einen individuellen, menschenähnlichen Gott fast zwangsläufig wieder die Oberhand gewinnen.

Trotzdem kann ein Gebet helfen, denn ohne, dass es dir bisher vielleicht klar war, sprechen wir dann zu unserer eigenen Essenz, anstatt – wie wir bisher vielleicht glaubten – zu einer von uns getrennten Instanz. Wenn das Göttliche wirklich getrennt von uns wäre, wie könnte dann ein Gebet den Empfänger erreichen? In einem Gebet sprechen wir mit uns selbst oder anders ausgedrückt: Das eine Sein spricht mit sich selbst. Und deshalb kann es auch hören, was gesagt wird und auf seine Weise antworten.

Erfährst du göttliche Hilfe, erfährst du Selbsthilfe. Das Ego kann dies jedoch nicht erkennen und darum glauben viele Menschen immer noch, Gott sei ein unabhängiges, übermächtiges Wesen.

Seit Jahrhunderten wird gesagt, dass wir auf Hilfe und Urteile von »oben« angewiesen sind. Durch diesen falschen Gedanken, der sich fest in das kollektive Bewusstsein eingebrannt hat, werden wir von der Wahrheit ferngehalten. Das Göttliche ist anders als wir denken und viel näher als wir glauben. Jetzt werden wir gemeinsam und ganz logisch erforschen, wo das ist.

Wo ist Gott?

Was und wo ist Gott? Folgende Fragen werden dir helfen, das herauszufinden. Nimm dir für diese Übung etwas Zeit. Befasse dich mit jeder Frage und beantworte sie dann. Gehe anschließend zur nächsten Frage weiter.

Wenn es einen allmächtigen Gott gibt, ist er dann allumfassend und alles durchdringend?

Umfasst und durchdringt Gott dann auch dich, jeden Baum, jede Blume und jedes Atom?

Wenn Gott dich umfasst, befindest du dich dann in Gott?

Wenn Gott dich durchdringt, befindet sich Gott dann in dir?

Wenn du in Gott bist und er in dir, bist du dann ein Teil Gottes und ebenfalls göttlich?

Wenn du ebenfalls göttlich bist, gibt es dann noch eine Trennung zwischen dir und Gott?

Wenn Gott alles umfasst und durchdringt, ist dann alles Gott?

Befindet sich »dein Gott« jetzt noch allein und getrennt von dir und allem anderem »da oben«, im Himmel?

Gott ist alles und drückt sich als alles aus. Sie-Er-Es ist jeder Mensch, jedes Staubkorn, jeder Windhauch und jeder Gedanke. Gott ist das gegenwärtige Leben. Deshalb existiert Sie-Er-Es nicht getrennt von dir, woanders. Gott ist auch Du.

Der König sagte zum Weisen:
»Ich gebe dir die Hälfte von meinem Königreich,
wenn du mir zeigst, wo Gott ist.«

Der Weise antwortete dem König:
»Und ich gebe dir zwei von deinen Königreichen,
wenn du mir zeigst, wo Gott nicht ist.«

Die Angst des Ego vor der Liebe

Vielleicht hast du immer noch Angst vor einer Bestrafung durch Gott. Wirst du büßen müssen, falls du seinen Willen nicht richtig ausführst? Hast du in seinen Augen schon versagt?

Du wirst nach dem Zerfall des Körpers, üblicherweise »Tod« genannt, nicht vor einer von dir unabhängigen Instanz stehen, die dich verurteilt. Seit Jahrhunderten glauben Abermillionen Menschen eine Lüge der religiösen Institutionen, obwohl sie enorme Angst verbreitet. Genauer gesagt, *weil* sie Angst verbreitet, denn Angst macht eng und hält klein. Und vielleicht befürchtest du insgeheim ebenfalls, auf irgendeine Weise schuldig sein, egal, ob du gläubig bist oder nicht.

Die größte Angst des religiösen Ego, das in einem ständigen Gefühl der Trennung lebt, ist die Befürchtung, nach seinem Ableben vor einem menschenähnlichen, urteilenden Gott zu stehen, den es unbewusst selbst durch Projektion nach außen erschaffen hat.

Da dein Ego alles ablehnt, was es als nicht zu sich gehörend empfindet, lehnt es auch seine grundlegende, göttliche Natur ab. Durch diese Ausgrenzung erzeugt es einen aus seiner Sicht übermächtigen und nicht zu bezwingenden Gegner. Und Versöhnung ist dem Ego unmöglich, daher bleiben nur Angriff oder Abgrenzung übrig.

Weil das Ego keine Vorstellung von der verbindenden, wahren Liebe hat, sondern nur Beurteilungen und Verurteilungen kennt, geht es davon aus, dass es später für sein scheinbar rebellisches Verhalten gegen Gott von ihm bestraft werden wird. Dieser Irrglaube verstärkt die Angst gläubiger Menschen um ein Vielfaches. Du sehnst dich nach Liebe, hast aber Angst davor, von ihr bestraft zu werden. Doch zu glauben, Liebe könnte strafen, zeigt die verrückte Widersprüchlichkeit des Ego.

Der riesige Irrtum über das wahre Wesen Gottes beschert uns seit vielen Jahrhunderten Kriege und ein kollektives Gefühl der Machtlosigkeit. Doch du kannst dich hier und jetzt davon befreien, denn der Einzige, der dich verurteilt, bist du. Mit dieser Erkenntnis gelangst du aus dem Gefängnis deines alten Glaubens in die Freiheit des gegenwärtigen Seins. Aus Hass und Selbsthass wird Liebe und Selbstliebe.

Nun magst du fragen, ob es noch Sinn ergibt, weiter den Begriff »Gott« zu benutzen, der schon viel Schaden erlitten und angerichtet hat. Falls du dich damit nicht wohlfühlst, kannst du diesen Namen durch etwas Neutraleres wie »Leben«, »Liebe«, »Sein« oder »Bewusstsein« ersetzen. Doch im Grunde es ist egal, welche Bezeichnungen du benutzt. Deine ursprüngliche Essenz bleibt von allen gedanklichen Konzepten unberührt, denn du bist das namenlose Eine in der zeitlosen Gegenwart.

HEILUNG

Seit deiner Kindheit bist du davon überzeugt, ein
»Ich« zu sein, mit einem Körper, einem Namen,
einer Lebensgeschichte, erlebtem Leid und der bedrückenden Aussicht, zu sterben. Doch so, wie du es
bisher gedacht hattest, existierst du glücklicherweise
nicht. Vielleicht fühlst du diese Wahrheit noch nicht
vollständig und deshalb ist es hilfreich, das folgende
Gedankenspiel zu machen.

Der Körper

Es folgen einige Fragen, die etwas drastisch klingen.
Stelle dir vor, dein Körper könnte in jeder Form am
Leben bleiben, und dann beantworte die kommen-
den Fragen bitte ganz spontan.

Glaubst du, dass du existierst?

Falls das so ist, hast du ein Ichgefühl, das Gefühl
lebendig zu sein?

Würde das Gefühl, lebendig zu sein, verschwinden,
wenn du keine Beine hättest?

Bliebe dein Lebensgefühl bestehen, wenn du keine Arme hättest?

Wäre das Gefühl noch da, wenn dein Oberkörper fehlte?

Was ist mit dem Seinsgefühl, wenn du weder Augen noch Ohren oder Gedanken hättest? Ist es noch da?

Wo befindet sich dieses Gefühl? Hat es einen festen, ihm zugewiesenen Platz im Körper?

Hat dein wahres Wesen überhaupt etwas mit deinem Körper zu tun?

Wie du soeben nachempfinden konntest, wird das tiefe Lebensgefühl »Ich existiere« weder kleiner noch verschwindet es, wenn der physische Körper reduziert wird. Daraus folgt: Du bist nicht nur dein Körper.

Eine uralte Vorstellung der Menschheit, nur der biologische Körper zu sein, hat uns lange in die Irre geleitet. Wir dürfen jetzt aber nicht damit beginnen, unseren Körper als ein lästiges Anhängsel zu betrachten, das vernachlässigt werden kann oder abgelehnt werden muss, um »spirituelle Fortschritte« zu machen.

Unser Körper ist wie ein wertvolles, empfindliches Instrument, und nur durch ihn können wir unser wahres Wesen fühlen und erkennen. Wie könnten wir ohne einen Körper unsere Lebendigkeit spüren? Womöglich fragst du nun: »Was bin ich dann, wenn ich nicht nur dieser Körper bin?« Das Gewahrsein, in dem diese Frage auftaucht, ist das Gesuchte.

Lampenfieber

Eine Studie hat ergeben, dass mehr Menschen Angst davor haben, einen Vortrag vor Publikum zu halten, als vor dem eigenen Tod.

Während eines Vortrags kann aus Sicht des Ego die schlimmste Situation eintreffen. Vor dem Publikum werden eigene Gedanken und Vorstellungen preisgegeben, also das, für was wir uns normalerweise halten. Wir identifizieren uns mit der präsentierten Geschichte und die kann durch Zuschauerkritik angegriffen und aufgelöst werden.

Passiert das, bekommt das Ego Angst, denn wir fühlen die Gefahr, angegriffen zu werden. Dass es sich hierbei um versteckte Todesangst handelt, ist uns in dieser Situation nicht klar. Vielleicht bezeichnen wir sie eher als Lampenfieber.

Unser eigener Tod kommt uns weniger bedrohlich vor als die Vortragssituation, weil der Tod noch in weiter Ferne liegt und deshalb etwas Abstraktes hat. Wir wissen nicht, wann er uns ereilt, und so erscheint er uns Moment nicht so gefährlich. Bei einem Vortrag treffen wir hingegen vorhersehbar auf eine Angst einflößende Situation und erleben sie, wenn es schlecht läuft, als das Gefühl, angegriffen und kritisiert zu werden. Und danach müssen wir mit der erfahrenen Unsicherheit und Unzufriedenheit weiterleben.

Häufig stehen wir unter unbewusstem Überlebensstress. Sind wir nervös, haben wir Angst. Liegen wir im Streit, haben wir Angst. Wollen wir für uns einstehen, haben wir Angst. Es ist immer die Todesangst des Ego, die in verschiedenen Verkleidungen und Intensitäten auftaucht.

Zusätzlich zur Identifikation mit dem Gedankengebilde »Ich« besteht eine innige Verbundenheit zu unserem Körper und das Wissen um seine Vergänglichkeit. Diese Abhängigkeiten verstärken unsere Furcht vor dem Tod in hohem Maß.

Ein weiterer Fehlgedanke, der uns belastet, lautet: »Ich habe nur dieses eine Leben. Deshalb muss ich etwas Besonderes daraus machen.« Angetrieben davon, etwas schaffen zu müssen, jagen wir im

Leben vielen Hirngespinsten hinterher. Wir wollen zu einem Ziel gelangen, das wir uns in der Fantasie gesteckt haben und das für unser Glück sorgen soll.

Das Wissen um unsere scheinbar dauerhafte Vergänglichkeit spornt uns häufig zu Höhenflügen in Kunst, Sport, Wirtschaft oder Wissenschaft an. Allerdings ist die Kehrseite einer erfolgreichen Zukunft unsere Angst vor dem Sterben. Einerseits hoffen wird, dass in der Zukunft alles besser wird, anderseits wissen wir, dass dort der Tod schon auf uns wartet. So liegen Hoffen und Bangen dicht beieinander.

Um dem Dilemma der Sterblichkeit zu entkommen, versuchen wir, etwas Nachhaltiges wie ein Musikstück, ein Kunstwerk oder Kinder hervorzubringen. »Der Nachwelt soll etwas mir erhalten bleiben, etwas von mir soll überleben!«

Diese Anstrengungen und der Druck sind nicht nur schädlich, sondern auch überflüssig, da es bereits ein wirksames Gegenmittel zur Todesangst gibt, das nicht erst noch erschaffen werden muss – die Erkenntnis deiner gegenwärtigen, unsterblichen Essenz, dessen, was du wirklich bist.

Falsche Tränen

Angenommen, du erhältst die Nachricht, dass ein geliebter Mensch gestorben ist. Eine natürliche Reaktion hierauf ist spontane Trauer. Du bekommst den Anruf, legst den Hörer auf und weinst. In diesem Fall ist deine Reaktion auf die gegebene Situation angemessen und gesund. Du gibst dich der Trauer hin und stellst dich diesem Gefühl. Das ist Teil des inneren Prozesses, um mit der neuen Situation fertig zu werden und keinen dauerhaften Schaden zu nehmen. Hier leidest du nicht, sondern du *trauerst*. Das ist ein wichtiger Unterschied. Vielleicht spürst du einen starken inneren Schmerz, aber dieses Gefühl darf gefühlt werden und dann kann es wieder gehen.

Wieder erhältst du die Nachricht über einen Todesfall, aber nun erscheint zusätzlich zur Trauer eine Gedankengeschichte. Womöglich denkst du: »Was soll der arme Mann bloß ohne seine Frau machen? Er ist hilflos ohne sie. Diesen Verlust wird er nicht verkraften und auch bald sterben.«

Als ob die Situation nicht schon traurig genug wäre, fügt das Ego ihr noch eine ungeprüfte Geschichte hinzu und verwandelt den vorhandenen Schmerz in Leid. Jetzt ist man in Vorstellungen verfangen, die aus natürlichen Tränen falsche Tränen machen. Das Ego freut sich insgeheim darüber, denn es benötigt Drama und Leid für sein Überleben. Nach außen hin behauptet es jedoch in solchen Situationen häufig, entweder der bemitleidenswerteste oder aber der mitfühlendste Mensch der Welt zu sein.

Lerne zu unterscheiden zwischen Emotionen und Gefühlen. Emotionen sind eine gleichzeitige Reaktion des Körpers mit Gedankengängen des Ego, die seine Bewertung der vorliegenden Situation noch glaubhafter machen. So kann ein rechthaberisches Ego beispielsweise sagen: »Ich bekomme Magenschmerzen, sobald ich daran denke. Meine Geschichte muss also stimmen.«

Natürlich auftauchende Gefühle wie Wut, Trauer oder Freude sind manchmal wertvolle Hinweise darauf, was wirklich in dir vorgeht. Traue ihnen mehr als deinen Gedanken.

Verwechselst du aber Gefühle mit Emotionen, verstrickst du dich in komplizierte Erfindungen des Verstandes, die du nicht mehr als Lüge erkennen kannst. Dadurch wird das Leben sehr anstrengend. Ein reines Gefühl fühlt sich echt an, egal, um welches Gefühl es sich handelt. Du darfst es annehmen und vollständig fühlen. Keine Sorge, es wird dich nicht umbringen.

Eine Emotion enthält dagegen oft etwas Unechtes, ein Drama, an dem sich das Ego ergötzen will. Oft zieht sich in deinem Körper etwas zusammen, wenn Emotionen auftauchen, und die Gedankengeschichten in deinem Kopf vermehren sich. Werde achtsam für dieses raffinierte innere Geschehen, halte Distanz dazu und schenke ihm nicht so viel Bedeutung. Geschichten, Emotionen und Gefühle kommen und lösen sich wieder auf.

Hier ist eine kleine Merkhilfe: Schmerz ist Schmerz, aber nicht Leid. Schmerz plus Gedankengeschichte ist Leid.

Gefühle erlauben

Lebensfreude, Dankbarkeit, Wertschätzung, Trauer, Wut usw. brauchen einen natürlichen Kanal, durch den sie sich ausdrücken können. Ist der Kanal durch die angstvolle Starrheit des Ego blockiert, werden diese starken Gefühlsenergien unterdrückt, wenden sich nach innen und spalten sich ab. Viele Erkrankungen sind Folge dieses unbewussten Daseins. Wie können wir den natürlichen Kanal wieder öffnen? Es ist ganz einfach: den verborgenen Gefühlen erlauben, zu erscheinen, ihnen Heilung zu gönnen und sie zu fühlen, ohne sie verändern zu wollen. Und keine Angst vor ihnen zu haben, denn sie gehören zu dir und beherbergen eine wertvolle Energie für dich.

Gibt es verdrängte Gefühle, die du nicht anzuschauen wagst, weil du Angst vor ihnen hast? Oder hast du vielleicht den Verdacht, dass etwas in dir schlummert, von dem du noch gar nichts weißt? Folgende heilsame Übung ermöglicht es dir zu erfahren, welche Gefühle unterdrückt wurden. Deine Gefühle wollen dich nicht umbringen, sondern dir deine volle Kraft zurückgeben und den Weg zur Ganzheit ebnen. Diese Übung braucht etwas mehr Zeit.

Stelle für etwa eine Stunde alle Störquellen wie Telefon oder Haustürklingel ab. Lege dich an einen für dich sicheren und bequemen Ort hin. Das kann dein Sofa sein, eine Matte auf dem Boden oder dein Bett im Schlafzimmer. Es ist wichtig, dass du dich geborgen fühlst und ungestört bist. Wenn du bequem liegst, schließe deine Augen und atme sanft durch die Nase in den Bauch ein und aus. Wenn das nicht geht, atme einfach durch den leicht geöffneten Mund. Sei achtsam und beobachte, wie sich deine Bauchdecke langsam hebt und senkt. Mache dir keine Gedanken darüber, ob du die Atmung richtig durchführst. Sie sorgt für sich selbst. Alles, was du tust, ist in Ordnung. Sei gelassen.

Nun sage entweder laut oder gedanklich: »Alles, was an Gefühlen in mir ist, darf jetzt hier sein.« Hierdurch erlaubst du, dass alles auftauchen darf, ohne beurteilt zu werden. Hast du ein Thema mit Angst, sprich zu ihr und sage: »Liebe Angst, du darfst jetzt hier sein.« Benutze eigene Worte, falls sie dir passender erscheinen. Bleibe gelassen und atme weiter. Habe keine Angst vor der Angst. Die Angst davor, was passieren wird, wenn sie auftaucht, ist meist größer als das verborgene Gefühl selbst. Du überlebst alles, was sich zeigen will.

Gehe liebevoll mit den auftauchenden Gefühlen um und begrüße sie wie eigene Kinder, die sich nur Beachtung und Heimkehr in die Einheit wünschen. Schaue die Gefühle an, fühle sie, gönne ihnen vollständige Heilung und bleibe in deiner Liebe, dann werden sie kommen und sich als kraftvolle Lebensenergie wieder in deinen ganzen Körper integrieren. Sie haben dich bis zu diesem Punkt im Leben begleitet. Nichts konnte jemals anders sein, und unsere verdrängten Gefühle erfüllen eine Funktion, die wir nicht immer begreifen können. Ihnen dankbar zu sein, sie zu fühlen und willkommen zu heißen, genügt.

Sollte beispielsweise ein Angstgefühl erscheinen, bleibe aufmerksam. Denke nicht. Fühle. Vielleicht gibt es ein Kältegefühl oder Kribbeln, das sich von den Füßen nach oben in den Körper ausbreitet. Sei offen und habe die Haltung »Aha, so fühlt sich also meine Angst an. Hallo Angst, es ist schön, dass du da bist. Was benötigst du, um zu heilen?« Die passenden Antworten werden kommen. Akzeptiere deine Gefühle, Tränen, auftauchende Gedanken, alle Reaktionen deines Körpers, und betrachte alles wertfrei und mit spielerischem Interesse. Bleibe gelassen, sei innerlich ruhig und atme weiter.

Nach einer Weile kann es sein, dass die Angst verschwindet und etwas Neues erscheint, vielleicht Trauer, Wut, Schuld, Neid oder Hass. Verfahre weiter wie beschrieben und bleibe bei deiner offenen Haltung. Und auch diese Gefühle können wieder gehen, nachdem du sie liebevoll willkommen geheißen und ihnen mitgeteilt hast, dass sie zu dir gehören. Schließlich kann etwas Neues auftauchen, mit dem du vielleicht nicht rechnest: Freude.

Unter allen scheinbar negativen Gefühlen wie Angst, Wut oder Trauer liegt immer die Freude des Seins. Sie erscheint, weil du dir nach dem Durchdringen der vielen Schichten deiner Gedanken und Emotionen deiner wahren Natur bewusst wirst. Es ist ein tief befriedigendes und sehr lebendiges Gefühl, das dir zeigt, was du bist: das eine Leben, das sich wiedergefunden hat. Alle Gefühle sind richtig und dürfen hier sein. Sie sind weder gut noch schlecht. Sie wollen gesehen und gefühlt werden und zu dir gehören. Erkenne und fühle: Alles, was erscheint, bist du.

Wenn du spürst, dass du mit der Übung fertig bist, nimm noch ein paar bewusste, langsame und tiefe Atemzüge, öffne wieder deine Augen und gehe mit stiller Zuversicht in den Tag.

Die Zeilen ohne Buch

Ein Großteil der Menschheit glaubt, dass der Verstand wie eine eigenständige Funktionseinheit existiert, so wie ein Computer, der Prozesse erzeugt und steuert. Zu diesen Prozessen gehören der üblichen Ansicht nach Gedanken und innere Bilder und vielleicht auch Emotionen oder Gefühle. Anscheinend besitzen wir ein System, das Informationen aufnehmen, verarbeiten und als verschiedene Leistungen wieder hervorbringen kann.

Aber hier handelt es sich um einen Irrtum. Der Verstand kann weder verstehen noch etwas in sich aufnehmen noch überhaupt etwas tun. Es gibt nur kommende und gehende Gedanken, die im Bewusstsein wahrgenommen werden.

Doch wir glauben, dass unser Verstand etwas verstehen, also aktiv etwas tun kann. »Verstand« ist jedoch ein irreführendes Wort, das nichts anderes als die Gedanken selbst bedeutet. Im Sprachgebrauch ist ein Missverständnis entstanden. Wir glauben, unsere Gedanken tauchen *im* Verstand auf. Hierdurch erhält dieser mysteriöse Kasten eine eigene Identität und Autorität, die er nicht haben kann, weil er gar nicht existiert.

Man könnte Gedanken wie Zeilen betrachten, die von einem Buch namens »Verstand« geschrieben werden. Doch das Buch, in dem sie angeblich stehen, gibt es nicht. Gedanken erscheinen nicht *im* Verstand, Gedanken *sind* der Verstand. Die Zeilen – die Gedanken – existieren. Das Buch – der Verstand – nicht.

Ein Gedanke, eine Buchstabenzeile, kann weder etwas verstehen noch etwas tun. Sie ist bloß eine Erscheinung, die vom Leben erzeugt wird und im Gewahrsein erscheint. Die auftauchenden Inhalte werden wahrgenommen, oder noch einfacher ausgedrückt: Wahrnehmen findet statt.

Verabschiede dich von der Vorstellung eines Verstandes, mit dem du etwas begreifst, tust oder erzeugst. Unzählige Gedanken tauchen auf, ein Buchstabensalat, der irgendwann fälschlicherweise mit dem Wort »Verstand« bezeichnet wurde. Buchstabensalat kann nichts verstehen, nichts aufnehmen und nichts produzieren. Er taucht auf und verschwindet wieder.

Es ist wichtig, diese Worte vollständig zu erfassen, denn in fast jedem von uns steckt verborgen die Angst, den Verstand zu verlieren. Diese Vorstellung macht uns unruhig, weil wir den Verlust des Verstandes mit Kontrollverlust und einem Verrücktwerden gleichsetzen. Glücklicherweise ist das Gegenteil der Fall. Du kannst deinen Verstand nicht verlieren, weil es ihn nicht gibt.

Vielleicht denkt es bald weniger in dir oder es wird sogar vollkommen still. Im übertragenen Sinn könnten wir dann sagen, dass du deinen Verstand verloren hast. Aber du wirst diese Zeit genießen und keine Angst haben. Einige Gedanken kehren mit großer Wahrscheinlichkeit wieder zurück, und manchmal wirst du dir wünschen, deinen »Verstand« so schnell wie möglich wieder zu verlieren.

Wie du gleich durch Selbsterforschung feststellen wirst, gibt es niemanden, der denkt. Die Gedanken tauchen aus der Stille auf. Dieser Erkenntnis zufolge kannst du auch nicht beeinflussen, wie brillant »dein Verstand« ist. Ein Strom an Gedanken erscheint, der von einem Ich weder zu steuern noch zu stoppen ist.

Versuche daher nicht, besonders intelligent oder clever zu sein. Dieses Vorhaben entspringt dem Bestreben des Egomechanismus nach mehr Festigkeit. Habe einfach die Bereitschaft, zu *sein*. Die erforderliche Intelligenz erscheint ohne dein Zutun.

Das Leben stellt den Gedankenfluss bereit und bestimmt über dessen Inhalt, Menge und Qualität. Wann und welche gedanklichen Inhalte auftauchen, kannst du nicht beeinflussen. Etliche Inhalte scheinen einen persönlichen Ichbezug zu haben und lösen im Körper passende und überzeugende Emotionen aus, sodass ein Ichgefühl entsteht.

Erkenne: Das »Ich« und der Verstand sind gleichrangig, denn beides sind nur Gedanken. Der feste Glaube an den Gedanken »*Ich* denke« scheint jedoch eine Aufspaltung in ein aktiv handelndes »Ich« und den Vorgang des Denkens zu bewirken. Durch eine Personifizierung der ichbezogenen Gedanken, zusammen mit den Emotionen, wird eine persönliche Handlungsmöglichkeit vorgegaukelt. Dies erzeugt ein illusionäres Ichgefühl, das Ego. Das alles ist das große Spiel und jetzt kannst du es durchschauen.

Der Denker

Sei bei dieser kleinen Meditation unvoreingenommen und vergiss für einen Moment alles, was du über das Gehirn, Gedanken oder das Bewusstsein gehört und gelernt hast.

Wenn du gleich beginnst, nimm einfach wahr, was geschieht. Das ist ganz leicht, aber wir haben verlernt, die Einfachheit der Dinge zu erkennen, weil unser Denken so kompliziert geworden ist. Und weil wir uns fast vollständig mit dem Denken identifizieren, bekommen wir Angst, wenn wir es sein lassen sollen. »Wahrnehmen« bedeutet, das, was ist, so anzunehmen, wie es ist, und nicht unseren inneren Gebilden zu glauben, die hypnoseartig von dem ablenken, was im Hier und Jetzt stattfindet. Nichts ist an dem Auftauchen unserer Gedanken falsch, jedoch gibt es viel mehr wahrzunehmen als nur sie.

Es geht darum, wieder in ein gesundes Gleichgewicht zu kommen und sich nicht mehr durch überwältigende Gedankenfluten vom Leben abgeschnitten zu fühlen. Alles hat seinen Platz, aber es kommt auf das richtige Mischungsverhältnis an.

Und jetzt die Übung.

Setze dich für einen Moment in Ruhe hin, wo du dich wohlfühlst und ungestört bist. Nimm eine achtsame und wache Haltung ein, so wie eine Katze, die geduldig und aufmerksam vor dem Mauseloch sitzt und abwartet. Beobachte deine Gedanken, wie sie kommen und gehen, und bewerte sie nicht. Sei ganz der stille Zeuge.

Schließe die Augen und frage dich innerlich: »Woher kommen meine Gedanken?« Warte ab. Vielleicht tauchen zunächst weitere Gedanken auf. Sie sind nicht die wahre Antwort auf deine Frage. Frage dich nun: »Woher kommen diese Gedanken?« und warte ab, was geschieht.

Womöglich erscheint jetzt ein Moment gedankenloser Stille. Diese lebendige Stille ist die Antwort auf deine Frage. Alle Gedanken kommen aus dieser Stille. Suchst du den Denker in dir, findest du niemanden. Da ist kein kleiner Maschinist, kein Ich, das Gedanken produziert. Gedanken erscheinen, aber kein »Ich« hat sie erschaffen. Das »Ich« ist selbst nur ein Gedanke. Du bist nur ein Gedanke.

Das Leben, Sein oder Bewusstsein kreiert Gedanken in dieser Körperform, für die wir uns lange Zeit gehalten hatten. Die Gedanken werden gemacht und erscheinen aus der Stille, ohne einen Grund, den wir kennen oder verstehen könnten. Du bist nicht nur eine Kombination aus Körper und Gedanken. Du bist das, was alles erschafft, fühlt und bezeugt. Du bist das stille Bewusstsein, das Gewahrsein samt aller darin erscheinenden Inhalte.

Das zischende Ich

I-C-H. ICH ist nicht dein wahres Wesen, sondern es sind nur aneinandergereihte Buchstaben, wie ein zischendes Geräusch in deinem Kopf, auf das du die ganze Zeit hereingefallen bist. Sprich einmal das Wörtchen »Ich« mehrmals und schnell hintereinander wie eine Dampflokomotive laut aus und auch gedanklich im Inneren. Das ergibt dann: »IchIchIchIchIchIch ...«

Vielleicht fühlt sich das etwas merkwürdig an, doch weil du es hören, beobachten und als durchführbar erfahren kannst, muss dein wahres Wesen etwas anderes sein als dieses seltsame Einzelgeräusch, mit dem du dich seit der Kindheit verwechselst.

Bemerke: Der Beobachter ist nicht das Beobachtete. Du bist nicht das, was als Gedanke und Geräusch kommt und wieder geht, sondern das, was stetig als Hintergrund unfassbar, still und aufmerksam bleibt. Glücklich, wer sich traut und bereit ist, diese einfache Wahrheit zu erkennen.

Produkt der Vergangenheit

Ich erhielt einen Brief, der folgende Frage enthielt: »Wenn ich nicht das Produkt meiner Erfahrungen aus der Vergangenheit bin, was bin ich dann?«

Wenn du mit offenem Bewusstsein hinschaust, erkennst du, dass es nur den jetzigen Moment gibt. Alles, was sich auf deine sogenannte Vergangenheit bezieht, sind innere Bilder und Gedanken, die in der Gegenwart erscheinen.

Würdest du mir ein Foto zeigen und sagen: »Das war ich vor ein paar Jahren«, dann würde ich dich fragen: »Wann taucht dieses Foto samt Geschichte dazu auf?« Nach kurzer Überlegung würde deine Antwort lauten: »Jetzt.« Und das stimmt. Ebenso gibt es keine Zukunft, denn auch sie ist nur eine gedankliche Vorstellung, die jetzt erscheint. Riefe ich dich bis zum Morgen des nächsten Tages ständig an und fragte: »Welche Zeit ist nun?«, würdest du stets antworten: »Es ist jetzt.«

Du siehst, es ist nur Gegenwart, und man kann ihr nicht entfliehen. Mit dieser Erkenntnis kommt die Chance, sich neu zu definieren und die sogenannte Vergangenheit gehen zu lassen. Sie taucht bloß als gedankliches Bild samt passender Geschichte im Jetzt auf und hält uns wie ein starker Magnet vom bewussten und kraftvollen Leben in der Gegenwart ab.

Gib deiner Vergangenheit keine Bedeutung, denn sie existiert nicht. Die meisten Menschen können das noch nicht sehen, weil ihr Ego die Vergangenheit als Identifikationsfläche und Sündenbock braucht.

Viele Menschen kommen nicht in ihren wahren Lebensausdruck, denn obwohl sie schon längst erwachsen und hier in der Gegenwart sind, sollen noch immer die Eltern und andere Personen für das derzeitige persönliche Leid verantwortlich sein. Können sie nicht beschuldigt werden (was aus Sicht des Ego selten vorkommt), gibt man stattdessen seinem früheren Ich die Schuld für das eigene, angebliche Versagen in der Vergangenheit.

Doch du bist nicht das Produkt deiner Vergangenheit. Du bist der Ausdruck dieses Moments – wie jetzt gefühlt, gedacht und gehandelt wird. Sobald du den Gedanken über deine scheinbare Vergangenheit nicht mehr glaubst, bist du frei. Es ist übrigens nicht so, dass du diese Worte unkritisch akzeptieren sollst. Vielmehr ist es spannender und erfüllender, Selbsterforschung zu betreiben und herauszufinden, was es ist, das diese Dinge über sich und die Vergangenheit denkt.

Du fändest schnell heraus, dass da niemand in Person ist. Es gibt keinen Denker. Die Gedanken kommen aus dem Nichts, aus einer lebendigen Stille. Alles findet in der Gegenwart statt, auch Gedanken, die auf eine scheinbare Vergangenheit hindeuten.

Erkenne, dass Vergangenheit und Zukunft nicht ohne das Licht der Gegenwart existieren können, aber dass die Gegenwart ohne Vergangenheit und Zukunft existieren kann. Deshalb ist sie die einzige Wirklichkeit.

Stelle dir die Einheit vor, wie ein energetisches Gewebe, das sich fortlaufend in der Gegenwart umkonfiguriert. Alles taucht gleichzeitig ohne Ursache und Wirkung darin auf: sogenannte Erfahrungen, Erinnerungen, Gefühle, Überzeugungen, Geschichten usw. Damals hast du nichts getan, unterlassen, erlitten oder gelernt. Auch wenn es vielleicht noch schwer zu sehen ist – du bringst nichts von früher mit, denn du bist nur die zeitlose Gegenwart.

Das Leben

Schaue dich nach einem Gegenstand um, der dir gehört. Das kann beispielsweise ein Glas sein. Nun denke den Satz »Ich habe mein Glas.« Was würde mit deiner Person, deinem Ich, passieren, wenn dein Glas herunterfiele und zerbrechen würde?

»Nichts«, antwortest du wahrscheinlich. »An meiner Person, an meinem Ich, würde sich durch das Fehlen des Glases nichts ändern.« Das stimmt natürlich und liegt an der Subjekt-Objekt-Beziehung zwischen dir und dem Glas. Das Subjekt, dein Ich, hat mit dem gläsernen Objekt nichts zu tun. Es gibt anscheinend keine Verbindung, und das Wegfallen des Objekts (des Glases) schädigt das Subjekt (das Ich) nicht.

Häufig denken wir: »Ich habe nur dieses Leben«, oder falls du an Wiedergeburt glaubst: »Ich habe im Moment nur dieses Leben.« Was würde mit deiner Person, deinem Ich, passieren, wenn dein *Leben* wegfiele? »Ich wäre tot« oder »Ich würde sterben«, sagst du nun wahrscheinlich.

Das ist seltsam, denn der Gedanke, wo dein Leben wegfällt, unterscheidet sich im Aufbau in keiner Weise von dem ersten Gedanken, wo dein Glas wegfällt. Im ersten Fall wird das Ich in seinem Wesen nicht berührt, im zweiten Fall stirbt es jedoch. Wie kann das sein? Die Lösung dieses vermeintlichen Widerspruchs liegt in der Besonderheit des scheinbaren Objekts »Leben« und in der Falschheit des Gedankens »Ich habe ein Leben.« Wenn du ein Leben hättest, so wie ein Objekt, zum Beispiel wie ein Glas, dürfte beim Wegfall des Lebens nichts passieren. Das Ich müsste auch hier erhalten bleiben. Das ist natürlich nicht so. Dieser scheinbare Widerspruch löst sich auf, wenn dir Folgendes klar wird:

Du hast kein Leben, du *bist* das Leben.

Du kannst nicht jenseits des Lebens existieren, wie du jenseits eines Glases, Hauses oder Tisches existieren kannst. Demzufolge kannst du kein Leben haben. Du kannst nur das Leben *sein*. Der Gedanke, dass wir ein Leben haben, ist falsch.

Lange wurden wir vom Glauben gequält, ausschließlich unser Körper und Verstand zu sein. »Wenn dieser Organismus zerfällt, ist alles vorbei.« Diese Vorstellung mag dir vielleicht vertraut sein, dennoch hat sie nichts mit deinem wahren Wesen zu tun.

Das Leben ist lebendig. Es ist weder Tod noch Sterben, weder Vergehen noch Ableben. Das Leben lebt und es lebt immer weiter, das ist seine innerste Eigenschaft und Essenz. Es kann nicht ins Gegenteil verkehrt werden. Dass du lebendig bist, bedeutet, dass du Teil des Lebens bist und davon nicht unterscheidbar. Und das hat eine enorme Bedeutung:

Du bist das Leben und du bist unsterblich.

Vielleicht kannst du diese Erkenntnis noch nicht akzeptieren. Mache dir darüber keine Sorgen. Fühle, was dieser Gedanke in dir bewirkt: Ich bin das Leben und ich bin unsterblich. Kommt jetzt vielleicht schon etwas Freude hoch? Das Leben, das du bist, liest diese Worte, erkennt sich wieder und freut sich. Sobald du deine unsterbliche Essenz vollends akzeptieren kannst, ändert sich vieles in deinem Menschsein auf ungeahnte Weise.

Schnelle Karmabeseitigung

Das Modell der Reinkarnation in der buddhistischen Philosophie leitet zu moralischem und mitfühlendem Verhalten an. Die Vorstellung, sich karmisch korrekt verhalten zu müssen, um vom irdischen Dasein erlöst zu werden, ist für viele Menschen eine wertvoll erscheinende Richtlinie.

Vielleicht hast du schon von Karma und Reinkarnation gehört oder glaubst selbst daran. Karma bedeutet, dass du in diesem oder einem vorherigen Leben etwas getan oder unterlassen hast, was jetzt und in einem Folgeleben Konsequenzen hat. Solange das daraus resultierende Karma nicht abgebaut oder in Balance ist, bist du im Kreislauf des Lebens und der Wiedergeburt gefangen.

Dein Glaube sagt dir, dass, wenn dir in diesem Leben die Befreiung nicht gelingt, es am günstigsten sei, im nächsten Leben als Mensch wiedergeboren zu werden. Dann stehst du bereits auf der obersten Sprosse der Entwicklungsleiter. Schaffst du es dann noch, erleuchtet zu werden, bist du aus dem leidvollen Kreislauf des Lebens befreit.

Die Idee der Reinkarnation enthält allerdings einen grundlegenden Fehler, denn es gibt weder Vergangenheit noch Zukunft, sondern nur die Gegenwart. Deshalb kannst du nicht aus einem vergangenen Leben wieder hier sein. Zudem existiert kein persönliches Ich. Wer könnte dann genau so wiedergeboren und erleuchtet werden? Und wann, ohne existierende Zukunft?

Bilder und Erlebnisse in Hypnosen, bei Rückführungen oder Bewusstseinsreisen entstehen immer nur in der Gegenwart. Trotzdem werden sie irrtümlicherweise als Hinweis auf eine vorhandene Zeitachse verstanden. Das eine Bewusstsein erfährt sich gleichzeitig in billionenfacher Weise und ist mit allem verbunden. Vielleicht erhalten einige Menschen als Teil des Ganzen manchmal Kontakt zu einer ungewöhnlichen Version des Jetzt und glauben deshalb, dass sie schon einmal zu einer anderen Zeit und an einem anderen Ort gelebt haben.

Doch wir waren nie in einem anderen Leben ein König, ein Bettler oder sonst wer, denn ein vom persönlichen Ich befreites Bewusstsein sieht, dass nur dieser Moment stattfindet. Es *ist* dieser Moment. Erkenne die immerwährende Gegenwart und die Täuschung eines davon getrennten Daseins. Dann brauchst du nicht mehr auf eine Erlösung in der Zukunft zu hoffen. Das Leben, das du bist, wirkt durch die menschliche Form. Verhalte dich in diesem Moment achtsam und bewusst, erkenne dein wahres Wesen, und alles Karma samt Wunsch nach Wiedergeburt ist auf der Stelle beseitigt.

Aus freiem Willen

Setze dich in Stille hin und forsche nach, welche Entscheidungen du heute getroffen hast. Wie viele davon waren unabhängig von anderen Geschehnissen?

Dir wird auffallen, dass nicht eine deiner Entscheidungen unabhängig war, denn dein Entschluss, etwas zu tun oder zu erledigen, beruht ausnahmslos auf anderen Situationen und deinen vorausgehenden gedanklichen Vorstellungen. Du befindest dich in einem verbundenen Geflecht aus Ereignissen und alles, was du bisher vielleicht für deine eigene, unabhängige Entscheidung gehalten hast, ist die Reaktion auf einen vorhandenen Impuls des Lebens.

Dieses Netz aus Impulsen ist ein wesentlicher Bestandteil der zeitlosen Gegenwart und du bist als ein Teil davon vollständig und untrennbar darin eingewoben, so wie eine kleine Welle im großen Ozean.

Obwohl es keinen vom Ganzen unabhängigen Willen gibt, hast du das Gefühl, zu tun, was du willst. Das ist in Ordnung, doch du kannst nicht aus dem Willen des einen Lebens herausfallen. Alles ist im gegenwärtigen Geschehen enthalten, auch widersprüchliche Gedanken und Aktionen, die das Gegenteil vermuten lassen.

Alles findet ohne ein persönliches Ich statt, das etwas verhindern könnte. Du wirst vom Leben gelebt, oder anders ausgedrückt: Das Leben lebt sich selbst. Erfasst du die wahre Bedeutung dieser Worte und akzeptierst sie vollständig, fühlst du dich nicht mehr eingeengt oder gegängelt, sondern erlebst ein Gefühl von Freiheit und tiefer Gelassenheit.

Entspanne dich, denn alles wird von deinem wahren Selbst getan. Aber indem du hier so tust, *als ob* du als individuelle Person etwas tust, geschieht es.

Das leere Ich

Wahrnehmen kann nur stattfinden, weil die Essenz des persönlichen Ichs leer ist. Alle Wahrnehmungen, Gedanken und Gefühle werden direkt von dem empfangen, was du wirklich bist und können zu keiner Zeit von einem Ich verwendet oder abgehalten werden.

Zwischen dem Gewahrsein, das du bist und dem wahrgenommenen Inhalt existiert kein weiterer »Zwischenhändler« in Form eines persönlichen Ich. Da ist nur Wahrnehmen und nichts Persönliches ist dafür erforderlich. Es ist zwar so, dass Gedanken auftauchen, die von sich behaupten, eine Person zu sein – Ich –, doch sie sind nicht wahr. Lasse sie vorüberziehen und betrachte sie als bedeutungslose Kommentare zu dem sowieso schon stattfindenden Geschehen.

Es geht um das Erkennen des illusorischen Charakters deines eingebildeten Ich, des Ego. Im Zusammenhang mit diesem Thema benutze ich manchmal den Begriff »Leere«. In manchen spirituellen Werken wird jedoch von Leere oder »Nichts« gesprochen, ohne genau zu erläutern, was damit gemeint ist. Hören wir diese Begriffe, wird uns etwas unwohl,

weil wir uns darunter einen dunklen und unbewussten Abgrund vorstellen, aus dem es kein Entrinnen
mehr gibt.

Aber nur eine kalte, dunkle Leere oder das Nichts als
Abwesenheit von Allem ist nicht deine wahre Natur.
Deine wahre Natur ist wie eine lebendige, vibrierende
Stille. Sie ist die Fülle des Lebens, die alles erzeugt
und wahrnimmt. Du bist nicht nur der Raum, in
dem der wahrgenommene Inhalt auftaucht, du bist
Raum und Inhalt zur gleichen Zeit. Dazu gehören
natürlich auch Ichgedanken, aber zwischen ihnen
und dem Urgrund des Seins gibt es keine Trennung.
Ist eine Welle vom Ozean getrennt? Das ist gemeint
mit »Alles ist eins.«

Vielleicht fühlst du die Einheitlichkeit bereits.
Weil Wahrnehmen stattfindet, ist das Ich leer. Dein
wahres Wesen enthält alles und ist die Fülle des
Lebens.

Die zerlegte Wirklichkeit

Betrachtest du eine Blume, findet das Betrachten einer Blume statt. Wozu wäre ein zusätzlicher gedanklicher Kommentar nötig: »Ist das eine Tulpe oder eine Rose?« Die Blume ist sowieso schon da und lebendig und die Bezeichnung macht sie nicht realer. Im Gegenteil, das, was du betrachtest, verliert durch das Benennen an Lebendigkeit und Frische.

Beobachte, wie häufig alles, was du siehst, hörst und fühlst, automatisch mit Gedanken belegt wird. Das Leben funktioniert genauso gut ohne dieses innere Gerede. Achte auf die innere Stille und lasse die Welt sein, wie sie ist. Erfordert die derzeitige Situation kein Denken oder Handeln, lasse auch sie sein, wie sie ist.

Wenn es still in dir ist, schaffst du Raum für die Schönheit des jetzigen Moments. Womöglich fällt dir plötzlich auf, dass draußen die Vögel zwitschern. Das tun sie wahrscheinlich schon die ganze Zeit, du hattest es bloß nicht mehr bemerkt. Fast deine gesamte Aufmerksamkeit war bisher auf deine Innenwelt, deine Gedanken, Emotionen und Gefühle gerichtet.

Schaue dich um und achte auf deine Gedanken, wenn dein Blick auf einen Gegenstand fällt. Taucht in dir sofort der Name des Gegenstandes auf: Buch,

Pflanze, Tasse, Bild oder Tisch? Fallen dir zu diesem oder jenen Ding Geschichten ein oder kommen Emotionen und Erinnerungen hoch? Dieser Vorgang ist das zwanghafte Einordnen und Benennen von allem, was du siehst. Die Fähigkeit, Gegenstände und Sachverhalte einzuordnen, ist für den praktischen Gebrauch unverzichtbar und ohne sie könnten wir uns nicht über bestimmte Dinge verständigen. Doch durch das ständige Bezeichnen jedes scheinbar einzeln auftauchenden Objekts wird die Wirklichkeit der Einheit scheinbar in viele Einzelteile zerlegt.

Das Leben und seine äußeren Formen, Situationen und Geschichten ändern sich kontinuierlich und es ist unmöglich, diese vielfältige Veränderung mit unserem Verstand zu begreifen. Doch er versucht es ständig, und häufig entsteht daraus ein Gefühl der Überforderung. »Ich komme nicht mehr mit. Ich verstehe das nicht. Das ist mir alles zu viel.«

Zudem tritt das Gegenteil von dem ein, was du wirklich suchst. Ein Ich möchte alles unter Kontrolle haben, um sich sicher zu fühlen. Das kann jedoch nicht gelingen, weil dieses Vorhaben an seiner eigenen Widersprüchlichkeit scheitert. Kontrolle erzeugt keine Sicherheit. Kontrolle erzeugt die Angst, dass die Kontrolle nicht ausreicht und doch noch etwas schiefgeht. Nun erscheint der Gedanke: »Ich muss mich noch mehr anstrengen, damit ich meine Ruhe finde.«

Wie du bemerkst, ist das die falsche Richtung. Mit zusätzlichen oder gegenteiligen Vorstellungen über eine bereits bestehende Situation verstärkt sich das Gefühl der Trennung von der Einheit. Überprüfst du diese Gedanken jedoch auf ihren Wahrheitsgehalt, zum Beispiel mit der »100%-Frage«, werden sie gehen. Dann fühlt sich das wahre Sein wieder selbst als eins, sicher und zu Hause.

Das Glasholzding

Nimm ein Glas und stelle es vor dich hin, vielleicht auf einen hölzernen Tisch. Falls du kein Glas zur Verfügung hast, genügt etwas anderes. Schaue dir die aufgebaute Konstellation an und beschreibe sie kurz in Gedanken. Etwa so: »Das Glas (oder der ausgewählte Gegenstand) steht auf dem Tisch.«

Nun stelle dir vor, du hättest noch nie etwas von einem Glas, Tisch oder Holz gehört. Du kennst nicht ihre Bedeutung, ihre Eigenschaften oder physikalische Beschaffenheit. Zudem hast du keine Konzepte über Abstände, Zwischenräume und Atome. Du stellst dich hier völlig unwissend, wie ein Außerir-

discher, der zum ersten Mal dieses »Glasholzding«
sieht.

Woher wüsstest du, dass Glas und Tisch *nicht*
eine Einheit bilden? Zwar sieht der gläserne Anteil
des Gebildes anders aus als der Tischanteil, aber das
könnte ja das Wesen dieser Erscheinung sein. Ohne
deine angesammelten gedanklichen Konzepte würdest du nicht denken, das Glas und Tisch getrennt
voneinander sind. Nun sieh dich erneut um und
lasse alle trennenden Ideen los. Stelle dir vor, dass
alles zusammen hier auftaucht. Spüre jetzt dein
Inneres beim Betrachten der Außenwelt, ohne etwas
in Gedanken zu kommentieren. Sei ganz still. Wie
fühlt sich das an? Wird es friedlicher? Was fühlst du,
wenn du auch dich und dein Innenleben in diese
einheitliche Betrachtungsweise einbeziehst?

Auch »Du« tauchst inklusive Gedanken und Gefühlen gleichzeitig mit allem hier auf. Ohne trennende
Gedanken empfindest du alles wieder als einheitlich,
und nichts, was du wahrnimmst, kann dich bedro-
hen. Alles gehört zusammen, so wie es schon immer
war. Du hattest es nur vergessen. Erinnere dich wieder: Alles ist eins, es sieht bloß anders aus.

Warum nicht?

Alles, was dieser Moment enthält, erscheint im Gewahrsein. Wenn du innehältst und wahrnimmst, dass du denkst, fällt dir auch auf, dass deine Gedanken ohne dein Zutun spontan auftauchen. Das Ganze ist das große kosmische Spiel, an dem ein illusionäres Ich teilnimmt.

Durch feste begriffliche Vorstellungen wird das auftauchende Ganze in eine nicht mehr zu erfassende Vielfalt zerlegt. Das überfordert uns häufig, denn es ist nicht vorgesehen, dass der Mensch das Wunder der einheitlichen Schöpfung *versteht*. Es ist vorgesehen, dass er das Wunder *fühlt* und *erfährt*. Doch dank unseres Forscherdrangs innerhalb des Spiels versuchen wir unablässig, zu verstehen und scheitern regelmäßig daran.

Warum alles so geschieht, ist das große Mysterium. Die Frage »Wozu das Ganze?« stellt sich nicht, weil alles bereits so ist, wie es ist. Die fragende Person ist selbst nur ein vorübergehender Bestandteil ohne letztendliche Wirklichkeit. Sollte etwas anders sein als es ist, dann wäre es anders. Deshalb nimm Abstand von Gedanken, die sagen: »Es soll anders sein als es ist.« Wir sind wahrscheinlich die einzigen

Wesen, in denen Gedanken und Bilder entstehen, die vom gegenwärtigen Geschehen abweichen.

Akzeptiere, dass deine inneren Bilder und Vorstellungen oft nicht mit dem jetzigen Moment übereinstimmen. Verändere deine Situation, wenn es machbar ist und du es für richtig hältst. Versuche jedoch nicht, die vorliegende Gegenwart durch den Glauben an widersprüchlich erscheinende Gedanken zu verdrängen oder zu verbiegen. Das ist nicht möglich und deshalb erzeugt dieser Wunsch Anspannung und Leid.

Erfreue dich an dem, was vor dir blüht. Es ist unnötig für deine Freude am Leben, zu wissen, ob es sich in der Natur um eine ganz bestimmte Blume, einen Strauch oder ein Unkraut handelt. Noch weniger erforderlich ist es, den lateinischen Namen der Pflanze zu kennen. Das analytische Betrachten der Welt zerstört das Gefühl der ganzheitlichen Schönheit. Aber vielleicht meinst du, durch deinen botanischen Vortrag gebildeter zu sein als andere.

Mit einer solchen Haltung glaubt man, vieles zu wissen, sieht aber nichts und verpasst die tiefe Freude, die im Moment des Nicht-Denkens aufsteigen will. Wisse nichts und siehe alles.

Schaue dich in der Welt um und erkenne, wie unnötig und anstrengend es ist, zu hinterfragen, warum es dieses oder jenes, das »Schöne« oder das »Schlechte« gibt. Alles ist da, in einer für uns Menschen nicht nachvollziehbaren Balance und Genialität. Jetzt lautet auch deine Antwort auf die Frage nach dem Warum: »Warum nicht?«

Die Sonne geht auf,
ein Vogel fliegt vorbei und singt.
Die Blätter der Bäume glänzen golden.
Das Leben ist ein Wunder.

ERKENNTNIS

Das Leben stellt alles gleichzeitig bereit: Handlungen, Gedanken, Gefühle und andere Wahrnehmungen. Dieses Zusammenspiel funktioniert wie eine geniale Geschichte, der wir meist vollkommen glauben.

Zunächst haben wir keine Möglichkeit, das Spiel zu durchschauen. Es ist so, als ob wir auf einer Theaterbühne stehen, ohne zu wissen, dass ein Schauspiel stattfindet. Wir nehmen die uns vom Leben zugedachten Rollen sehr ernst.

Gelegentlich erkennt jemand, dass hier eine Art Bühnenstück läuft. Meist werden diese Menschen als erleuchtet, erwacht oder befreit bezeichnet. Doch auch sie haben keine Möglichkeit, die Bühne einfach so zu verlassen. Im Unterschied zu anderen Teilnehmern nehmen sie ihre Rolle aber nicht mehr so ernst. Sie spielen mit größerer Leichtigkeit weiter mit und verhalten sich so, *als ob* alles so sei, wie es erscheint.

Falls dir die Gestalt eines Königs, eines Bettlers oder Beraubten zugedacht ist, siehst du nun, dass alles ein Spiel ist. Rollen, Dramen und Geschichten kommen und gehen. Alles ändert sich im Vordergrund und im Hintergrund bleibt alles, wie es ist.

Einen großen Teil des Lebens warst du auf der Suche, vielleicht nach dem spirituellen Gipfel, der Einheit oder nach Gott. Zumindest wolltest du dich zu Hause fühlen. Jetzt, nachdem du an dieser Stelle im Buch angelangt bist, weißt du, dass es im Außen oder »da oben« nichts zu finden gibt, was deine Sehnsucht stillen und deine Suche beenden kann. Du bist und warst schon immer am Ziel, denn bist du das eine Leben, der menschliche und göttliche Ausdruck in diesem Moment. Das Gesuchte ist der Suchende. Das Bewusstsein hat sich wie in einem Spiel vor sich selbst versteckt und möchte sich durch seine menschliche Form wiederfinden.

Das Leben und das gesuchte Paradies finden nur hier statt. Freue dich darüber, dass du keinem Phantom mehr nachzujagen brauchst. Die Schönheit des Daseins liegt direkt vor deinen Füßen. Irreführende Gedanken haben es dir die letzten Jahre womöglich sehr schwer gemacht. Du darfst hier sein und die Dinge erledigen, so gut du kannst, weil du schon als Teil des Lebens hier bist. Erlaube dir, es leicht zu haben.

Ich bin

Erinnere dich an die Apfelübung. Verwende jetzt
deinen eigenen Namen, schließe die Augen und
denke folgenden Satz dreimal: »Ich bin *Vorname,
Nachname.*« Beobachte wieder deine Körperreaktion
auf diesen Gedanken.

Wahrscheinlich kommt dir dieser Gedanke
wahrer und vertrauter, aber auch seltsamer vor als
der Gedanke aus der Apfelübung. Wenn du diesen
Gedanken mehrmals bewusst denkst und ihm nach-
spürst, reagiert dein Körper anders auf ihn als im
vorherigen Beispiel. Der Grund dafür liegt auf der
Hand. Dein Name war die erste gedankliche Form,
die dein Körperorganismus nach der Geburt erhielt;
und im frühen Kindesalter hatte sich dein wahres
Selbst bereits vollständig mit dem Körper und dessen
Namen identifiziert.

Dieser Vorgang ist im menschlichen Leben zwar
vollkommen normal, trotzdem stellt er die größte
Ablenkung von der Wahrheit dar. Du bist nicht
»*Vorname, Nachname*«, egal, wie sehr du auch daran
glaubst oder wie stark der Körper auf diesen Namen
reagiert. Der Körper, der Name und seine Lebensgeschichte sind lediglich Teil deines eigenen, großen

Spiels. Nach wie vor bist du das eine namen- und formlose Gewahrsein, das vollkommen unberührt und unbedroht den Körper samt zugedachtem Namen, Gedanken und Gefühlen wahrnimmt.

Da ist kein Ich. Sein geschieht in diesem Moment.

Gute Nacht, Ego

Wie du schon oft erlebt hast, ändert sich die Wahrnehmung im Schlaf. Die Inhalte der realen Welt werden zu jenen der Traumwelt. Während des Träumens bleibt das Bewusstsein erhalten, denn sonst könnten Träume nicht erfahren werden. Mehr noch, in den Traumgeschichten existiert meist das Gefühl, man selbst erlebt die absurden Abenteuer.

Gelangen wir in der Nacht von der Traumphase in den Tiefschlaf, ist das Bewusstsein noch aktiv, aber das Ich ist erloschen. Hast du dann Angstzustände oder fühlst du dich bedroht? Kann dich dort etwas bedrücken oder ärgern? Im Unterschied zur nächtlichen Traumphase findet im Tiefschlaf nichts statt, das du wahrnehmen kannst. Das Ego, dein Verstand, ist tot. Ein Du oder Ich ist nicht mehr beteiligt und es laufen keine Geschichten ab.

Obwohl das Ego glaubt, ohne es gehe nichts, läuft alles weiter wie bisher. Der Körper atmet, das Herz schlägt, der Stoffwechsel und der Blutkreislauf funktionieren. Der natürliche Ablauf sorgt für sich und seltsame Gedankengänge des Verstandes sind dafür nicht erforderlich. Aber weil du – als das eine Leben – Freude daran hat, sich durch diesen Körper zu erleben, wachst du wahrscheinlich wieder in dieser menschlichen Form auf. Fühlst du dich nach dem Schlaf taufrisch und wie neu, bist du damit näher an der Wahrheit, als du denkst. Du bist im wahrsten Sinne des Wortes taufrisch, denn das eine Bewusstsein erschafft sich in jedem Moment neu. Das Leben, das du bist, lebt weiter. Es ist bedeutungslos, ob dabei Gedanken, Bilder, Traumszenen, ein Ichgefühl oder gar nichts auftaucht. Darum sei gelassen und nimm dich als Person und alles andere nicht so wichtig.

Nach dem Tod ist vor dem Tod

Tod ist das Gegenteil von Geburt, aber nicht das Gegenteil von Leben. Das Leben bleibt erhalten, weil es kein Gegenteil hat. Doch irgendwann zerfällt der menschliche Körper, was wir üblicherweise Tod nennen. Was passiert danach?

Obwohl wir es nicht genau wissen können, gibt es verschiedene Möglichkeiten. Es kann geschehen, dass sich das eine Bewusstsein erneut mit einer Körperform ohne innere gedankliche Abläufe identifiziert, wie zum Beispiel mit einem kleinen, einzelligen Lebewesen. In diesem Fall gäbe es sicher keine Egoprobleme.

Eine weitere Variante ist die erneute Identifikation des einen Bewusstseins mit einer Lebensform inklusive Gedanken, wie bei einem Menschen. Auf diese Weise könnte wieder ein Organismus am Spiel des Lebens teilnehmen, sich für ein abgetrenntes Ich halten und mit Glück kann sich das ihm innewohnende Bewusstsein wiederentdecken.

Hier ist es zudem hilfreich zu erkennen, dass es kein vom Ganzen getrenntes, kleines Einzelbewusstsein gibt, das wieder in eine neue Lebensform übergehen kann. Vielleicht bleiben gewisse Bewusstseinsprägungen des *einen* Bewusstseins erhalten, das sich dann wieder für eine Weile für ein scheinbar getrenntes Wesen hält.

Ohne einen Ego-Apparat, der hauptsächlich aus Gedanken besteht, die auf eine scheinbare Vergangenheit und Zukunft hindeuten, gibt es kein Zeitgefühl. Somit kann nach dem Tod des Körpers niemand persönliches mehr existieren, der das Gefühl hat, an einem angenehmen oder unangenehmen Ort lange auf das nächste Ereignis, wie eine Wiedergeburt, warten zu müssen. Weil das Leben kein Gegenteil hat, kann dein wahres Selbst nicht sterben. Vielleicht nimmt es neue Formen an, vielleicht auch nicht. Der menschliche Körper aber vergeht, wie alles aus der Welt der Formen vergeht.

Erkenne, dass Vergehen und Unsterblichkeit die unveränderlichen Gemeinsamkeiten aller Lebewesen sind. So kannst du Frieden finden. Freund oder scheinbarer Feind, alle sind gleich, denn alles bist du. Mit dieser Einsicht schaffst du Verbundenheit, bringst mehr Mitgefühl, Dankbarkeit und Liebe in diese Welt und trägst zu einem bewussten Miteinander der Menschheit bei.

In Stille

Es gibt die Möglichkeit, eine Zeitspanne ohne ein Ich zu erfahren. Habe bei der folgenden kurzen Übung nicht vor, etwas zu erreichen. Bleibe entspannt und erinnere dich daran, dass alles getan wird und du als Person nichts tun kannst. Und doch: Tust »du« etwas, geschieht es.

Setze dich in einer bequemen Haltung an einen Ort, wo du ungestört bist. Beobachte deine Gedanken, wie sie kommen und gehen. Du kannst deine Augen dabei geschlossen oder offen lassen. Während des Beobachtens der Gedanken kann es passieren, dass sie zunächst mehr, aber nach einiger Zeit weniger werden. Versuche, dieses Geschehen nicht gedanklich zu kommentieren und achte aufmerksam auf eventuell entstehende Lücken zwischen den Gedanken. Vielleicht werden die Lücken größer und die durch sie hervorscheinende Stille nimmt zu. Achte auf diese Lücken, fühle die Stille und forsche nach, ob du sie in deinem ganzen Körper spüren kannst.

Womöglich bleiben die Gedanken irgendwann fort und übrig bleibt ein Gefühl von lebendiger Präsenz. Sollte es so sein, verbleibe in diesem Gefühl so lange, wie du es als angenehm empfindest. Wenn es dir gelungen ist, die Stille in dir zu fühlen, hast du eine wichtige Erfahrung gemacht. Du kannst existieren, ohne ein gedankliches Gebilde namens Ich. Wenn das illusionäre Ich reduziert wird oder verschwindet, fällt der Körper nicht tot um. Im Gegenteil. Das Leben, das du bist, kann sich ohne Gedanken viel besser durch ihn fühlen.

Die Gedanken werden zurückkommen und das ist in Ordnung. Es geht hier darum, zu einer gesunden Ausgeglichenheit zwischen Zeiten des Denkens und Zeiten der inneren Ruhe zu gelangen. Ich empfehle, diese Übung gelegentlich durchzuführen, damit sich dein wahres Selbst in einem absichts- und ichlosen Zustand wiederfinden und stabilisieren kann.

Die Illusion der Erleuchtung

»Erleuchtung« oder »Erwachen« sind die höchsten Ziele des spirituellen Suchers und sie sollen unbedingt erreicht werden. Doch wer ist es nun, der Erleuchtung sucht?

Dieses Mal verkleidet sich das Ego sehr raffiniert und will eine heilig anmutende Idee benutzen, um sich eine bessere Position zu verschaffen. Ein Ich begibt sich auf die Suche, um erleuchtet zu werden.

Da es dieses Ich jedoch nicht gibt, ist dieses Bemühen vollkommen vergebens.

Das Erwachen oder die spirituelle Befreiung *einer Person* ist unmöglich. Was könnte innerhalb des Lebens oder des Seins noch weiter erwachen? Die Gedanken, der Körper oder das Bewusstsein? Es ist schon alles wach und kann nicht wacher werden. Umgekehrt existiert aber die Möglichkeit der Befreiung des Bewusstseins von der vollständigen Identifikation mit einer illusionären Person und den dazugehörenden Gedanken und Emotionen. Vielleicht hilft hier ein kleines Gleichnis: Der Ozean befreit sich von der Illusion, nur eine kleine Welle zu sein.

Dieses Geschehen könnte man als Befreiung oder Erwachen des Bewusstseins aus dem Traum des Ich bezeichnen. Wenn die Identifikation mit der begrenzten, persönlichen Identität entfällt, handelt es sich um Gnade. Durch das, was niemand bewirken oder beeinflussen kann, entsteht ein Gefühl von Freude, Leichtigkeit und Verbundenheit mit der Welt. Die Farben wirken vielleicht frischer und du nimmst wieder die Geräusche der Natur wahr, die vorher durch die Gedankenversunkenheit ausgeblendet wurden. Das Gewöhnliche wird zum Außergewöhnlichen, zu dem, was du die ganze Zeit gesucht hattest. Das Gesuchte ist das Fühlen und Wahrnehmen des Einsseins, das gleichzeitig das Suchende war. Das Sein erfährt sich als Sein in menschlicher Form. Wahrscheinlich lachst du im Nachhinein über deine Suche in Menschenform und erkennst, dass sie nur ein spielerischer Zeitvertreib des Lebens mit sich selbst war.

Oft hält uns die Suche nach präsenter Gegenwärtigkeit vom bewussten Erleben derselben ab, weil wir durch unsere Gedanken und Gefühle dauernd damit beschäftigt sind, unseren spirituellen Entwicklungsstand zu überprüfen. Man kann es auch so ausdrücken, dass uns die ständige Suche vom Finden des Gesuchten abhält.

Persönliche Erleuchtung und persönliches Erwachen sind Fantasien, die innerhalb des Spiels des Bewusstseins als gleichwertige Spielelemente auftauchen. Lösen sich diese Wunschgedanken auf, bist du vom vermeintlich nobelsten Drang des Ego – ein erleuchtetes Ich zu werden – befreit. Jetzt hast du mehr Freiheit, Stille und Freude gewonnen.

Erleuchtung ist die Erkenntnis,
dass niemand da ist, der erleuchtet werden kann.
Somit ist persönliche Erleuchtung eine Illusion
und das Streben danach sinnlos.
Mit Glück erkennt sich das eine Leben selbst,
doch kein Ich kann das beeinflussen
oder beschleunigen.

Ein Leben ohne Ich

Nachdem du lange auf eine Illusion hereingefallen bist, kannst du dich jetzt entspannen. Trinke einen Tee oder einen Kaffee, gehe in die Natur und erfreue dich an ihr. Die wunderbare und vielfältige Welt der Erscheinungen ist für dich da und du darfst an ihr teilhaben.

Nichts gegen weiteres spirituelles Training, Meditation oder geistige Versenkung. Sei dir aber bewusst, dass alles nur ein Spiel ist, das du selbst erfunden hast. Du kannst als scheinbar getrennte Person nichts tun oder erreichen, aber du kannst so tun, als ob du etwas eigenständig tust, in dem tiefen Wissen, vom Sein als Mensch gelebt zu werden. Die Welle bewegt sich im Sinne des Ozeans und nicht nach ihrem eigenen Willen. Wenn du alles spielerisch betrachtest, hast du auf dem Spielplatz des Lebens einen großen Raum an Möglichkeiten.

Ein weiterer Vorteil, das illusionäre Ich durchschaut zu haben, ist die Befreiung von Stolz, Schuld, Verärgerung, Neid, Hass usw. Du bist nicht deine Gedanken, Sorgen, Gefühle und Meinungen, sondern das Wahrnehmen dieser Inhalte findet statt. Du hattest die Erscheinungen und Lebenssituationen viel zu ernst genommen und jetzt kann diese Last von dir abfallen.

Dein eigenes Innenleben zu beobachten wird oft ein spontanes Lachen bewirken, weil gesehen wird, welch gedanklicher Unsinn weiterhin auftaucht. Auch das ist Teil des Spiels. Doch mit Glück werden die geistigen Irrungen abklingen und schließlich bleibt dein auf ein gesundes Maß reduziertes Denken als gleichberechtigte Erscheinung in allem übrig. Gedanken finden nur noch Verwendung, wenn sie erforderlich und nützlich sind. Das übermäßige, zwanghafte Denken und die laute Übermacht des Ego sind verschwunden.

Vielleicht wirst du etwas vergesslicher, weil Unwichtiges nicht mehr festgehalten wird und sich allmählich auflöst. Mache dir darüber keine Sorgen, es gehört dazu. Trotzdem bist du jetzt wesentlich intelligenter. So kannst du das Leben, das du bist, lieben und genießen, und vieles entfaltet sich in wunderbarer Leichtigkeit.

Aus der Traum

Das ist alles. Es gibt weder Vergangenheit noch Zukunft. Ohne zeitliche Ausdehnung gibt es weder Ursache noch Wirkung. Du hast weder Ursache noch Wirkung. Deshalb existierst du nicht so, wie du bisher dachtest.

Ohne Ursache und Wirkung befindet sich nichts in einem Zeitpunkt, sondern alles in der Zeitlosigkeit. Es ist nichts geschehen, weil keine Zeit für Trennung oder Geschehen existiert.

Du bist dort, wo du schon immer warst. Du ruhst als gegenwärtiges Sein in dir selbst und hast dich niemals verlassen. Alles ist Ausdruck des Seins und nichts hat es jemals verlassen.

Das Leben träumt, sein Trauminhalt zu sein. Wenn es aufwacht, erkennt es sich als Träumer und freut sich an allem, was ist.

DANKSAGUNG

Mein besonderer Dank geht an Sofia Karassawas, die mich von Beginn an aus vollem Herzen unterstützt hat. Ich bin zutiefst dankbar für meine Familie, meine Freunde und jene Menschen, denen ich begegnet bin und noch begegnen darf. Danke an das Leben, das es liebt, dieser Augenblick zu sein.

Dirk Hessel

Während seiner Tätigkeit als Heilpraktiker befreite sich das Leben plötzlich aus dem Irrtum, nur ein getrenntes Wesen zu sein. Die Suche war zu Ende. Nach einer Phase des Rückzugs und der Integration entwickelte sich allmählich die Funktion eines spirituellen Lehrers.

Quellenangabe:

Die in diesem Buch dargestellten Einsichten beruhen auf direkter Erfahrung und bewusster Erkenntnis. Bücher sind nicht die Quelle solcher Einsichten und können nicht der Anfang von Erkenntnis sein.

Die wahre Quelle liegt in der inneren Schau des Menschen. Selbst die ältesten oder bedeutendsten Schriften sind lediglich Niederschriften solcher Einsichten, aber sie ersetzen nicht die ursprüngliche und gegenwärtige Erfahrung, die jeder Mensch selbst macht – unabhängig von Zeit und Tradition.

So ist auch dieses Buch eine Niederschrift, die aus der inneren Schau entspringt und Ausdruck der Erkenntnis des ungeteilten Seins ist.